거룩한 신학과 보편적 교회

헤르만 바빙크의
교회를 위한 신학

다함

도서출판 다**함**은

1. 다윗과 아브라함의 자손

아브라함과 다윗의 자손으로, 하나님 구원의 언약 안에 있는 택함 받은 하나님 나라 백성을 뜻합니다.

2. 마음과 뜻과 힘을 다하여 하나님을 사랑하라

구약의 언약 백성 이스라엘에게 주신 명령(신 6:5)을 인용하여 예수님이 가르쳐 주신 새 계명
(마 22:37, 막 12:30, 눅 10:27)대로 마음과 뜻과 힘을 다해 하나님을 사랑하겠노라는 결단과 고백입니다.

사명선언문

1. 성경을 영원불변하고 정확무오한 하나님의 말씀으로 믿으며, 모든 것의 기준이 되는 유일한 진리로 인정하겠습니다.
2. 수천 년 주님의 교회의 역사 가운데 찬란하게 드러난 하나님의 한결같은 다스림과 빛나는 영광을 드러내겠습니다.
3. 교회에 유익이 되고 성도에 덕을 끼치기 위해, 거룩한 진리를 사랑과 겸손에 담아 말하겠습니다.
4. 하나님 앞에서 부끄럽지 않도록 항상 정직하고 성실하겠습니다.

헤르만 바빙크의 **교회를 위한 신학**

거룩한 신학과 보편적 교회

초판 1쇄 인쇄 2021년 7월 15일
초판 1쇄 발행 2021년 8월 2일

지 은 이   헤르만 바빙크
편역 및 해설 박태현

책임편집 황희상
펴 낸 이 이웅석
펴 낸 곳 도서출판 다함
등   록 제2018-000005호
주   소 경기도 군포시 산본로 323번길 20-33, 701-3호(산본동, 대원프라자빌딩)
전   화 031-391-2137
팩   스 050-7593-3175
블 로 그 https://blog.naver.com/dahambooks
이 메 일 dahambooks@gmail.com

디 자 인 디자인집(02-521-1474)

ISBN 979-11-90584-26-5(04230) | 979-11-90584-00-5(세트)

거룩한 신학과 보편적 교회

헤르만 바빙크의
교회를 위한 신학

다함
도서출판

목차

추천사

01.

박태현 교수님의 수고로 만나게 된 두 저작은 헤르만 바빙크 신학의 정수를 보여줍니다.

신학이 학문인가 하는 질문은 적어도 임마누엘 칸트 이후에 전혀 다른 성격을 가지게 되었습니다. 따라서 신학의 학문성을 옹호하는 일은 바빙크 시대의 개혁신학이 직면한 가장 심각한 도전이 되었습니다.

바빙크는 고대교회와 종교개혁을 통해서 개혁교회 안에서 면면히 흘러온 신앙고백에 기초한 신학을 견고하게 고수하면서도 이 신학이 근대 계몽주의가 제시하는 학문성과 그 원리에 비추어도 여전히 학문일 수 있음을 옹호했습니다. 다른 한편 이런 그의 태도는 교회와 기독교의 보편성을 고수하는 것과도 일맥상통합니다.

기독교 신앙, 특히 개혁신앙은 고립된 분파주의가 아닙니다. 철저히 개혁신앙을 고수하는 일과 창조 세계 모두를 아울러 삼위의 영광을 추구하는 작업은 모순적이지 않고 오히려 하나의 단일한 몸부림입니다.

우리는 여기서 소개된 두 저작을 통해서 바빙크 신학의 이런 정신을 충분히 알고 이를 즐기게 될 것입니다.

- 김재윤 (고려신학대학원 조직신학 교수)

02.

헤르만 바빙크(Herman Bavinck, 1854-1921)가 깜픈 신학교 교수 취임 연설인 『거룩한 신학의 학문』과 교장 이임 연설인 『기독교와 교회의 보편성』은 21세기를 사는 우리에게도 대단히 특별한 의미를 지닙니다. 바빙크는 취임 연설을 통해 거룩한 신학의 원리, 내용, 목적을 인본주의가 아닌 신본주의로 규정했습니다. 이는 신학이 급속도로 세속화되고 있는 작금의 상황 가운데 압도적인 울림으로 우리 영혼을 강타할 연설입니다. 게다가 바빙크는 이임 연설을 통해 성경에 계시된 하나님의 통일성, 창조와 재창조의 유기적 연합, 시대와 장소를 초월한 교회의 보편성, 보편적인 기독교 신앙을 설득력 있게 제시함을 통해 세계 종교로서의 기독교와 기독교 신앙이 가진 공적 역할에 대한 큰 울림을 주고 있습니다.

본서는 깜픈 초기 시절 바빙크가 사유하고 고민했던 생각의 흐름의 '알파와 오메가'가 고스란히 드러난 종합 선물 세트입니다. 종합 선물 세트는 늘 짜릿한 흥분감과 기쁨을 선사합니다. 정확한 번역과 친절한 설명 및 요약까지 곁들여진 이 놀라운 선물 세트를 누리지 못하는 것이야말로 반드시 피해야 할 최악의 악수(惡手)일 것입니다. 반드시 꼼꼼히 읽고 그 내용을 풍성히 누리시길 진심으로 바랍니다.

– 박재은 (총신대학교 신학대학원 조직신학 강사,
국제신학대학원대학교 조직신학 초빙교수)

03.

헤르만 바빙크의 주저이자 대작은 개혁교의학 전집(1906-1911)
과 개혁파 윤리학(깜픈 시절 강의 원고)이라는 것은 널리 알려진

헤르만 바빙크의 교회를 위한 신학

사실입니다. 260여 권의 저술을 남긴 카이퍼와 달리 그 종수가 많지 않음에도 불구하고, 바빙크의 논저들은 어느 하나도 간과해서는 안될 주옥같은 글들입니다.

특히 그의 깜픈 신학교와 암스테르담 자유대학교 취임연설문들과 교장과 총장 이임(1년직이었음) 연설문들은 개혁교회와 신학에 관련되고 당시대에 주요 이슈였던 문제들을 전문가다운 필치로 다루어주었기에 한편 한편이 옥고들입니다. 바빙크 소천 100주년을 맞는 이 시점에 1883년도 깜픈 신학교 교수 취임 연설문과 1888년도 교장직 이임 연설문이 화란어 직역본으로 소개되는 것은 실로 놀랍고 감격스러운 일입니다. 학문으로서의 거룩한 신학에 대한 논의나 기독교와 교회의 보편성에 대한 이 논의들은 19세기말 뿐 아니라 21세기 한국 교회에도 소중한 통찰력을 제공해줄 것입니다.

- 이상웅 (총신대학교 신학대학원 조직신학 교수)

편역자 서문

21세기 포스트모던 시대에 개혁신학과 교회의 가야할 길은 무엇일까요? 21세기는 전통과 권위를 부정하는 무질서와 다원주의, 객관적 진리를 의문시하는 회의주의와 상대주의의 물결 속에서 사람마다 각기 자기 소견에 옳은 대로 행하는, 인간 자율성을 극대화하는 인본주의 시대입니다. 게다가 1년 반 넘게 지속되는 코로나19의 팬데믹 소용돌이 속에서 '성도들의 모임과 교제'인 교회는 전통적 예배 환경의 변화 가운데 급격한 비대면 사회로 휩쓸려가고 있습니다. 무엇보다도 한국교회는 사회와 삶의 현장 속에서 복음의 능력을 드러내지 못한 채 한국 사회에서 외면당하고 질시를 받는 비참한 처지에 떨어졌습니다. 이러한 때에 신학의 본질과 교회의 정체성에 대한 질문은 무엇보다 시급해졌습니다.

올해는 네덜란드 개혁주의 신학자인 헤르만 바빙크(Herman Bavinck, 1854-1921)가 이 땅의 생애를 마치고 주님의 품에 안긴지 100주년이 되는 해입니다. 바빙크는 자신의 깜픈(Kampen) 신학교 교수 취임 연설인 『거룩한 신학의 학문』(1883)에서 일찍이 개혁신학의 성격을 '보수적'인 동시에 '진보적'이라고 밝혔습니다. 즉, 개혁신학이란 교회가 하나님의 초자연적 계시인 성경 말씀을 연구하여 일구어 온 과거의 전통과 유산을 수용할 뿐 아니라 아직까지 다 드러내지 못한 성경 속 하나님의 뜻을 지금 우리 세대와 미래 세대에 비춰줄 사명을 갖는 학문이라는 것입니다. 따라서 개혁신학은 언제나 과거에 뿌리를 두고 있으면서 오늘의 시대에 응답할 뿐만 아니라 미래 세대를 위한 진보적, 미래 지향적 학문입니다. 무엇보다도 개혁신학은 그 본질적 성격을 따라 건강한 이론에 기초한 실천적 삶으로 열매를 맺습니다. 그러므로 신학의 면류관은 실천신학입니다. 게다가 신학은 창조주 하나님을 그 연구 대상으로 삼기에 피조물을 연구 대상으로 삼는 다른 모든 "학문들의 여왕"(Regina scientiarum)이기도 합니다.

21세기 포스트모던 시대와 코로나19의 팬데믹 시대에 개혁신학자 바빙크의 지혜로운 조언에 귀를 기울이는 것은 한국교회와 신학이 누리는 복입니다. 바빙크는 철저하게 계시 의존적 사색을 통해 신학 작업을 전개할 뿐만 아니라, 성령의 인도 아래 하나님의 영광을 목적으로 삼기 때문입니다. 특히 21세기 한국교회는 한국 사회에서 주변으로 밀려나고 있을 뿐만 아니라 부끄럽게도 제 역할을 하지 못해 맛을 잃은 소금처럼 사람들의 발에 밟히는 수모를 겪고 있습니다. 20세기 후반에 전무후무한 폭발적 교회성장을 경험한 한국교회는 대형교회를 지향하는 왜곡된 메가처치 현상으로 중병을 앓고 있으며, 세상의 빛과 소금으로서의 사명을 망각한 채 그리스도의 복음을 교회당 건물 안에 가두는 편협한 분파주의에 함몰되어 있습니다.

바빙크의 깜픈 신학교 교장직 이임 연설인『기독교와 교회의 보편성』(1888)은 이러한 왜곡된 교회성장주의와 편협한 분파주의를 치료할 해독제이며 동시에 그리스도의 복음이 세상을 향해 갖는 공적 역할을 천명하는 학술 논문입니다. 이 논문은『아브라함 카이퍼의 영역주권』과『아브라함 카이퍼의 칼빈주의 강연』에서 주장하는 바, 하나님의 절대 주권과 영광이 우리가 살아가는 삶의 전 영역에서 구현되어야 한다고 주장합니다.

바빙크의 이런 주장은 성경의 가르침에 근거하고, 교회 역사가 증거하고 있으며, 오늘 우리 시대가 요청하는 바입니다. 거룩한 것과 세속적인 것을 나누는 그릇된 이원론(二元論)을 완전히 극복한 포용적 칼빈주의 사상을 바탕으로 바빙크는 현대 문화를 적대시하여 기피하기 보다는 죄로 물든 문화를 복음의 능력으로 거룩하게 할 사명을 상기시키고 있습니다. 21세기 포스트모던 세상과 현대 문화를 거룩하게 만드는 그리스도의 복음을 지닌 세계 종교로서의 기독교의 보편성과 모든 시대와 장소를

헤르만 바빙크의 교회를 위한 신학

초월한 교회의 보편성을 고백하는 한국교회가 되길 소원합니다.

본서는 필자가 봉사하는 총신대학교의 신학학술지인 「신학지남」에 2017년 봄과 2018년 봄(창간 100주년 기념호)에 게재한 글을 다듬어 소책자로 만든 것입니다. 이 작은 책이 다시금 세상의 빛을 보는 데에는 감사하게도 바빙크 서거 100주년을 기념하는 도서출판 다함의 이웅석 대표의 제의가 먼저 있었습니다. 게다가 이 소중한 바빙크의 유산을 단지 전문 신학저널에 묵혀두기보다는 신학생들과 목회자들, 그리고 일반 독자들께도 널리 알리어 우리가 살아가는 삶의 일터에서, 가정에서, 학교에서, 그리고 교회에서 기독교 복음이 지닌 영광과 거룩한 교회의 보편성을 고백하기를 바라는 필자의 소원이 담겨 있습니다. 한국 교회의 개혁과 갱신은 주 예수 그리스도께서 '오직 성경'(sola Scriptura)을 통해 성취하실 줄 믿으며, 재창조의 주 하나님 성령께서 모든 독자들에게 복을 주시길 간절히 기도드립니다.

주후 2021년 7월 5일
암스테르담 자유대학교 도서관에서

박 태 현

DE WETENSCHAP

DER

H. GODGELEERDHEID.

REDE

TER AANVAARDING VAN HET LEERAARSAMBT AAN DE

THEOLOGISCHE SCHOOL TE KAMPEN.

UITGESPROKEN DEN 10 JAN. 1883

DOOR

Dr. H. Bavinck.

KAMPEN. — G. PH. ZALSMAN. — 1883.

I

거룩한 신학의 학문

De wetenschap der Heilige Godgeleerdheid

헤르만 바빙크의 교회를 위한 신학

1.
거룩한 신학의 학문 (교수 취임 연설)

지극히 존경하는 청중 여러분,

몇 년 전에 라우벤호프(Rauwenhoff) 교수는 「신학저널」(Theolo-gisch Tijdschrift)에 다음과 같은 글을 썼습니다.

> 신학은 반드시 세속화되어야 합니다. ··· 신학이 우리네 대학에서
> 자기 자리를 유지할 권리, 다른 분야 학자들의 호평을 받을 수 있는 기
> 대, 젊은 세대에게 새로운 호감을 불러일으킬 기회, 이 모든 것은 결국
> 신학이 세속화의 요구를 얼마나 충족시키느냐에 달려있습니다.[1]

---

1) L. W. E. Rauwenhoff, Theologisch Tijdschrift (1878), 206. 역자주: 로더베이크 라우벤호
프(Lodewijk W. E. Rauwenhoff, 1828-1889)는 1847년 레이든 대학에서 신학을 공부하여
1852년에 박사학위를 받았다. 그는 여러 지방에서 목회를 하였고, 1860에 레이든 대학의
교회사 교수가 되었다.

헤르만 바빙크의 교회를 위한 신학

제가 늘 감사하며 존경하는 스승인 교수님이 그간 듣지 못하던 무척 낯선 주장을 하셨다는 사실에도 우리는 놀라지 않습니다. 현대 사조로 인해 이것은 결국 하나의 동일한 과정 속에 있기 때문입니다. 사람들은 교회의 일을 세속화하기 시작했습니다. 더 나아가 이런 체계를 학교, 교회, 그리고 이제는 신학에 적용했으며, 하나님과 종교에 이르기까지 모든 것을 세속화하기 전에는 멈추지 않을 것입니다. 바울이 에베소의 세속화에 대해 말했던 것처럼, 그들은 그리스도와 하나님 없이, 그리고 소망도 없이 세상을 살아갑니다[엡 2:12]. 우리는 신학에 부과되는 이런 요구를 들어줄 수 없으며, 비록 정서적으로는 그럴 듯 하기까지 한 이런 주장이 결국엔 다름 아닌 신학의 사망선고를 의미한다는 것을 알아야 합니다. 세속화는 신학의 거룩한 성격과 독립적 성격을 보존해야 할 우리의 소중한 소명을 오히려 상기시켜줍니다.

그런 진지한 확신이 우리 안에 살아있다는 명백한 증거가 바로 우리 학교입니다. 교회와 신학을 구원하기 위해, 우리는 자신의 영역으로 되돌아왔습니다. 이 둘의 거룩한 성격을 보존하기 위해 우리는 "분리"(scheiding)해야 한다는 압박까지 느꼈습니다. 우리 교회와 학교가 태어난 것은 빛을 두려워해서가 아니라, 혹은 과거 회귀로의 열망 때문도 아니라, 진리 안에서 촛대의 빛이 다시 비치도록 하기 위함입니다. 이 두 기관이 설립된 것은 그 어떤 허영이나 제멋대로의 독단이 아니라 뼛속 깊이 절감했던 필요와 불가피성이었습니다. 왜냐하면 사람이 원하든 원하지 않든 국가교회와 국가신학의 시대는 지나갔기 때문입니다. 성경의 원리들을 혼합되지 않도록 순수하게 보존하고자 하는 자라면 반드시 분리되어야 합니다. 결국 나라들 사이에 그리스도인의 명칭에 대해 하나의 변화, 방향전환, 혁명이 발생하였는데, 이 변화는 합리성이라는 힘을 받아서 계속되고 있습니다. 우리 반대자들 자신의 주장에 따르면, 무게중심이 고대 인생관(levensbeschouwing)에서 현대 인생관으로 옮겨졌다고 합니다. 기독교 국가들은 그분의 이름으로 일컬어지지만, 더 이상 그분의 지배를 받으려 하지 않습니다. 시대의 흐름은 그리스도와 그의 십자가로부터 떠났습니다.

우리는 이러한 흐름에 휩쓸려가서는 안 됩니다. 우리는 [프랑스] 혁명(die Revolutie)에 대해 하나의 댐을 건설하든지 혹은 우리 스스로 최소한 제자리를 지키고 우리에게 전수된 거룩한 것을 보존해야 합니다. 이런 이유에서 기독개혁교회(Christelijke Gerefor-meerde Kerk)와 이 신학교가 설립되었고, 단지 우리 신학교뿐만 아니라 기독교 교육을 위한 학교들과 개혁주의 대학도 설립되었습니다. 그럼에도 불구하고 예수 그리스도를 믿는 자는 세상과 다른 어떤 견해를 갖는 사람이 **아니라** 진실로 새로운, 다른 정체성을 지닌 사람입니다. 그리고 그리스도의 교회는 고유한 생명과 의식(意識), 고유한 언어와 학문을 지닙니다. 만일 이것이 그러하다면, 그리고 우리 가운데 누군가 그것을 부인한다면, 교회와 세상, 개혁과 혁명, 고대 인생관과 현대 인생관 사이에 그 어떤 화해, 합의, "중재"(Vermittelung)란 불가능합니다. 따라서 우리에게는 전혀 다른 원천에서 자신의 생명을 도출하는 것과 결별할 의무가 있습니다.

저는 우리 교회가 그러한 입장을 취하기까지 겸손히 낮아져, 비록 19세기 격동의 30년이 지난 오늘처럼[2] 그렇게 선명하게 의식적으로 인식하지 못했다 할지라도, 신학의 독립성과 거룩한 권리가 이 학교의 설립으로 인해 이처럼 아름답게 보존된 것을 기뻐합니다. 세속화가 아니라 거룩한 것을 거룩하게 성별하는 것이 신학을 보존하는 일입니다. 이는 또한 의심할 여지없이 명백하게 여러분 모두의 승인을 받은 것입니다. 이제 제가 이 학교의 교수직을 수락하면서, 신학의 주요과목을 가르치는 일에 부름을 받을 때 염두에 둔 신학에 대한 그림을 여러분께 대략적으로 그려보고자 합니다. **'거룩한 신학의 학문'**(*De wetenschap der Heilige Godgeleerdheid*)에 대해 말하면서 여러분께 제시하고자 하는 바는, 이 학문이 인식되는 **원리**와 이 학문이 펼치는 **내용**, 그리고 이 학문이 의도하는 **목적**입니다.

---

2)   역자주: 깜픈 신학교는 '분리측 기독개혁교회'(Christelijke Afgescheiden Gereformeerde Kerk)가 1854년 12월 6일에 깜픈(Kampen)에 개교한 신학교이다. 바빙크가 교수직 취임 연설을 하는 1883년은 바로 19세기 격동의 30년이 지난 시점이다.

(1) 거룩한 신학의 원리

신학이란 명칭은 구약이나 신약에서 나온 것이 아니라 그리스 저술가들에게서 빌려온 것입니다. 그들은 신학을 신들(goden)의 가르침으로 이해했습니다. 호메루스와 헤시오두스, 피타고라스와 플라톤과 같은 시인들과 철학자들은 역사와 신들의 존재를 다루었기에 신학자라는 명칭으로 일컬어졌습니다. 이 단어가 교부들에 의해 그리스 사람들로부터 전수되었고 구약이나 신약에 나타나지 않는다는 사실은, 사람들이 이 단어를 통해 표현하고자 했던 것이 이스라엘과 사도시대에는 존재하지 않았음을 가리킵니다. 이스라엘 가운데 신정적(theocratische) 제도들에 대한 지식과 보존에 힘썼던 선지학교들이 있었던 것은 매우 확실합니다. 특히 계시의 영역에서 발생한 윤리적이고 실천적 의미의 삶의 지혜는 호크마(Chokmah)에서 표현되었습니다. 선지자들과 사도들, 특히 요한은 종종 신학자라고 일컬어졌습니다. 심지어 "성경신학"(Theologia Biblica)이 언급되기도 했습니다. 하지만 그럼에도 불구하고 이 모든 것으로 인해 우리는 독립적 학문인 신학(Theologie)이 다른 모든 학문과 마찬가지로 '특별 계시'의 영역 안에는 등장하지 않는다는 사실을 잊지 말아야 합니다.

그렇게 되지 말아야 했습니다. 이것은 주님의 의도와 충돌하는 것이었습니다. 당시 그 세대는 본질적으로 우리가 사는 세대와

헤르만 바빙크의 교회를 위한 신학

는 다른 세대였습니다. 그리스도께서 아직 영광을 받지 않으셨기에 교회의 교사인 성령님은 아직 계시지 않았습니다[요 7:39]. 그분은 이스라엘의 성전 가운데, 예배와 그림자들 가운데 거주하셨으나 교회 안에 내주하시길 선택하셨습니다. 이 목적을 위해 그분은 말씀의 종결과 완성에 힘쓰셨습니다. 당시에도 이미 말씀을 통해 하나님에 대한 지식이 사람들의 마음속에 잘 심어졌습니다. 하지만 신학이라는 신전(tempel)은 그 기초가 말씀 가운데 완전하게 놓인 뒤에야 비로소 세워질 수 있었습니다. 그 기반을 놓는 일에 오랜 세월이 소요되었습니다. 신학이 성장할 수 있도록 그 씨를 뿌리고 그 싹을 틔우는 모든 것에 성령의 쓰임을 받았습니다. 혹은 여러분이 달리 표현하길 원한다면, 그리스도가 오기 전 오랜 세월 동안 모든 것은 그리스도를 위해 준비되었습니다. 그 오랜 세월은 역사의 전환점인 그분에게 인도되었습니다. 인류 가운데 아들의 자리를 마련하기 위해 일하신 분은 성령님이었습니다. 말씀의 완성과 나란히 진행된 아들의 육체로 오심은 그 오랜 세월이 그리스도를 향해 굴러가도록 한 추진력이었습니다. 말씀의 성육신과 함께, 성경의 완성과 더불어, 즉 하나님의 완전하고 충분한 계시와 더불어 다른 새로운 세대가 시작되었습니다. 성령께서는 교회 안에 거주하셨는데, 이 교회는 과거에 확실히 실재하였으나 자신을 배태(胚胎)한 국가적 실재인 이스라엘 속에 포함되었다가 오순절 날에 모든 시대와 장소와 민족들과 상관없이 독립적 생

명으로 태어났습니다. 이로써 시대의 성격이 달라졌습니다. 전에
는 모든 것이 그리스도를 예비하였다면, 이제는 모든 것이 그분으
로부터 파생됩니다. 전에는 그리스도가 교회의 머리였다면, 이제
는 교회가 그리스도의 몸을 이룹니다. 마찬가지로 단지 평행을 달
릴 뿐만 아니라 근본적으로 한 가지를 수반하기 때문에, 전에는
모든 것이 말씀의 완성을 지향했다면, 이제는 모든 것이 말씀의
해설에 소용됩니다. 전에는 그 말씀이 종결되었다면, 이제는 그
말씀이 자세하게 해설됩니다.

　　그러므로 하나님의 모든 사역은 아들의 오심, 그리고 말씀의
완성과 더불어 종결된 것이 아닙니다. 아버지의 계시는 비록 다른
형태라 할지라도 계속 나아갑니다. 성령의 사역은 비록 다른 방식
이라 할지라도 지속됩니다. 성령의 사역은 다음과 같습니다. 우리
의 교리문답서(Catechismus)[3] 표현에 따르면, 성령은 교회로 하여
금 그리스도의 모든 미덕에 참여케 하며, 그분은 그리스도로부터
모든 것을 취하십니다[요 16:14]. 달리 표현하자면, 성령은 말씀의
보화를 교회의 마음과 의식(意識)에 가져다주고, 그리스도의 충
만함, 또한 그의 지혜와 지식의 풍성함을[골 2:3] 교회 안에 거하게
하시며, 교회를 하나님의 모든 충만함[엡 3:19], 그리스도의 장성

---

3)　역자주: 하이델베르크 요리문답(*Heidelbergse Catechismus*, 1563), 53문답.

한 분량에 이르기까지 완성하십니다[엡 4:13]. 성령의 모든 사역의 성격은 적용하는 것입니다. 그분은 모든 것을 그리스도로부터[요 16:14], 말씀으로부터 취하고, 그 말씀에 그 어떤 새로운 것도 더하지 않으며, 아들의 사역에 전적으로 기초하고, 따라서 우리 영혼도 아들의 사역에 전적으로 기초합니다.

그러므로 우리가 살아가는 세대의 성격으로부터 오직 성경만이 신학이 추론되는 "원리"(principium)[4], 신학이 유도되는 유일한 지식의 원천이라는 사실이 저절로 흘러나옵니다. 또한 이 "원리"가 존재했고 씨가 뿌려졌을 때, 신학은 성령의 인도와 가르침을 따라 그 어떤 외적 강요도 없이 자연스럽게 발생했습니다. 비록 시대적 환경 가운데 신학의 계기가 마련되고 또한 이를 통해 형태가 주어졌을지라도 말입니다. 따라서 신학은 이미 2세기에 곧바로 시작되었고, 거대하고 장엄한 건물이 되어, 오늘날의 지붕까지 다다른 것을 볼 수 있습니다. 일이 존재하였고, 단어는 이방이 쓰는 언어로부터 재빠르게 차용되었습니다. 신학이라는 이름을 갖기에 참으로 합당한 모든 참된 신학은 성령의 인도 아래 성경으로

---

4) "원리"(principium)라는 명칭은 신학이 성경에 대해 갖는 관련성을 가장 순수하게 표현하기에 나는 이 명칭을 선호하여 사용한다. 성경은 신학이 시작하는 원리이며, 신학이 성장하는 씨앗이다. '내용적으로'(Materialiter) 우리가 하나님에 대하여 아는 모든 것은 성경 속에 담겨 있다.

부터 비롯되고, 성경의 기초 위에 세워집니다. 다른 지식의 원천은 존재하지 않습니다. "원리"로서의 성경, 신학의 유일한 지식의 원천으로서의 성경을 거부하고, 그 옆에 혹은 그 대신에 이성이나 감정, 혹은 신앙고백서나 공의회(concilie)에 자리를 내주는 자는 신학을 파괴하고, 우리가 살아가는 세대의 성격을 오해하며, 사실상 그리스도의 사역을 망가뜨릴 것이며 ··· 개혁주의 진영에서 로마 가톨릭의 영역으로 넘어가는 것입니다. 왜냐하면 "말씀이 종결되었다"는 것이 바로 로마 교회에 대항한 우리 개신교의 고백이기 때문입니다. 하나님의 계시는 그리스도 안에서 완전하게 주어졌고, 그의 사자들을 통해 완벽하게 가르쳐졌습니다. 그리스도가 존재하고, 그의 사역은 완성되었고, 그는 교회의 머리입니다. 마찬가지로 그분은 말씀의 내용이며, 그 말씀은 완성되었습니다. 그 말씀은 완전하고, 그 말씀은 충분합니다. 이것은 떼려야 뗄수 없이 함께 연계됩니다. 후자를 부정하는 자는 필연적으로 전자를 부인하기 마련입니다. 만일 그리스도의 인격과 사역이 온전히 충분하지 않다고 말하는 순간, 그에 대한 믿음 역시 모든 근거를 잃기 때문입니다. 이제 그리스도의 사역이 조금이라도 기도와 선행으로 보충될 필요가 없듯이 그 말씀에 무언가를 덧붙여서도 안 됩니다. 그리스도의 사역은 그리스도의 희생 자체와 마찬가지로 이제와 모든 세기를 거쳐 모든 민족과 세대를 위하여 충분하기 때문입니다.

헤르만 바빙크의 교회를 위한 신학

그러므로 자연에 대한 자연과학자의 관계는 성경에 대한 신학자의 관계와 같습니다. 자연의 법칙을 선험적 사색으로부터 추론하고자 하는 자가 분명히 오류에 빠지듯, 신학의 영역에서도 성경 외에 다른 지식의 원천에서 끌어내려는 자는 길을 잃을 것입니다. 왜냐하면 비록 "자연신학"(Theologia Naturalis)의 원리가 창조 속에 있다 할지라도, 거기에 나타난 진리는 성경에서 재고(再考)되고 보증되었기 때문입니다.[5] 말씀은 신학의 씨앗입니다. 비록 신학의 진리가 말씀 안에 포함되었을지라도, 그 진리는 자연과학자가 자연으로부터 진리를 연구하듯 최소한 동일한 수고와 노력으로 그 말씀으로부터 연구되고 수집되고 분류되어야만 합니다. 결국 일개 신학자나 단 한 세대의 노력이 아니라, 일련의 세대들, 모든 세기의 교회의 노력이 필요합니다.

신학이 존재하고, 우리가 하나님을 알 수 있고 알도록 허용된다는 것은 당연히 하나님 한 분께 감사할 일입니다. 신학의 "본질적 원리"(principium essendi)는 하나님 자신입니다. 우리의 신학이 참된 것이라면, 우리의 신학은 다름 아닌 하나님께서 자신에 대해 자신의 피조물들에게 알리기로 작정하셨던 지식에 대한

---

5) Charles Hodge, *Systematic Theology* (London and Edinburgh: T. Nelson and Sons, 1873), I, 1-17.

우리 의식의 모사(模寫)이며 반영입니다. 하지만 우리가 신지식(Godskennis)을 획득하는 "인식의 원리"(principium cognoscendi)는 오로지 성경뿐입니다.

여러분, 인식의 원리는 이런 식으로 교회의 전성기에 그리스도의 교회에 의해 지속적으로 이해되었습니다. 로마 교회는 성경이 불충분하기에 다른 전통과 매우 긴밀하게 연관되어 진전하는 전통 속에서 비로소 완성되며, 그리스도의 사역도 성인들의 선행을 통해 반드시 보충되어야 한다는 교리에 점차 이르렀습니다. 그러한 때에 이런 확고한 인식의 원리들은 종교개혁자들에 의해 다시금 아주 강력하게 고백되었고, 적어도 초창기에는 그 원리들의 변질은 상상도 못 할 일이었습니다. 그 원리들은 또한 종교개혁의 후예들에 의해서도 결코 포기될 수 없었습니다. 하지만 일의 전개는 그와 같이 되지 않았습니다.

단지 천주교 뿐만 아니라 개신교 영역에서도 우리를 대항하여 가지를 넓게 펼친 합리주의(Rationalisme)는, 어떤 형태를 지녔든지. 항상 종교의 일에 있어서 성경 **옆에** 혹은 성경 **대신에** 인간의 이성에 권위를 부여합니다. 어쨌든 이로써 신학의 기초는 약화되었고, 그 원리가 변질되었습니다. 성경이 아니라 종종 일상의 "건전한 지성"과 동일하게 상정된 이성이 지식의 원천이 되었습니다. 그래서 계시란, 여전히 수용된다면, 단지 이성이 나중에 자신에게서 발견하게 될 것을 먼저 제공하는 것이었습니다. 신학은 그 원리

헤르만 바빙크의 교회를 위한 신학

를 상실하였고, 이로써 그 성격을 상실했습니다. 합리주의는 반드시 신학의 파탄으로 끝나고 맙니다.

그럼에도 불구하고 더욱 피상적인 오늘의 시대에 무엇보다도 투쟁의 대상은 단지 강력한 합리주의만이 아닙니다. 금세기에 이 이름으로 지칭된 신학적 경향은 특히 우호적이지 않습니다. 합리주의는 여전히 팽배하지만, 그 모양이 바뀌었습니다. 합리주의는 핫지(Hodge)가 바르게 지적한 것처럼[6] 그래도 여전히 세상을 초월하는 인격적인 하나님에 대한 신앙에 기초했습니다. 이제 사람들은 이 최소한의 신앙마저 흔들어 떨쳐버렸습니다. 금세기에 숭배되는 철학자는 스피노자(Spinoza)입니다. 이신론(deisme)[7]은 여느 때처럼 범신론(pantheisme)[8]의 길을 열어주었는데, 범신론은 더 깊은 사상과 더 따뜻한 감정을 보여주는 동시에 더 우쭐거리는 교만을 드러냅니다. 이로써 하나님과 우리의 이성, 초자연적인 것과 자연적인 것 사이의 구별에 대한 모든 권리와 가능성이 사라집니다. 다 시들어버린 합리주의에 가장 강력한 최후의 일격

---

6) Hodge, *Systematic Theology*, I, 34.

7) 역자주: 이신론(Deisme)은 하나님을 자연법칙의 초월적 원인으로 여기는 종교 철학적 개념이다. 이것은 하나님이 진실로 우주의 창조주이지만 창조 이후로 자연법칙의 과정 속에 그 어떤 방식으로도 개입하지 않는다는 개념이다. 즉, 하나님을 '시계 제작자'로 여긴다.

8) 역자주: 범신론이란 만물과 모든 사람이 신적이라는 데서 출발하는 인생관으로, 신적인 것은 내재적이며 모든 것을 포괄한다는 사상으로 우주, 자연 그리고 신을 동일한 존재로 여긴다.

을 가한 것이 바로 이 범신론적 철학이었습니다. 그래서 신학자
들을 지배하고 -내가 여기에 즉시 이것을 덧붙인다면- 신학의 원
리와 신학 자체를 변질시킨 것은, 더 이상 뢰어(Röhr)와 파울루스
(Paulus)와 벡샤이더(Wegscheider)의 정신이 아니라, 슐라이어마허
(Schleiermacher)의 강력하고도 심오한 정신이었습니다.

결국 "경건"(Frömmigkeit)의 좌소인 감정이 종교적 지식의 원천
이라는 원리 위에 슐라이어마허의 "신앙론"(Glaubenslehre)이 세워
졌다는 것은 자명한 사실입니다. 이로써, 마땅히 그래야 하는 것
처럼 진리 위에 자의식(zelfbewustzijn)이 기초하기 보다는 사실상
진리가 우리의 자의식 위에 기초하게 되었습니다. 이것은 신론에
서 가장 강하게 나타나는데, 신론은 경건한 자의식에 대한 선언으
로서 하나님이 무엇인지 해설하는 것이 아니라 인간이 무엇인지
를 해설합니다. 이것은 성경론에서도 무척 강하게 나타나는데, 성
경론은 오직 종교적 감정을 불러일으키는데 소용되어 단지 교회
론 아래 그리 대단치 않은 자리를 차지할 뿐입니다. "하나님에 대
한 지식이 될 수 없는 신학은 그에게 단지 기독교적 의식이나 기
독교적 경건에 대한 지식, 즉 자아인식일 뿐입니다."9) 슐라이어마

---

9) I. A. Dorner, *Geschichte der protestantischen Theologie* (München, 1867). cf. *Beweis des Glaubens*
    (1869), S. 114.

허의 방법은 본질적으로 "교회적인 것"(kirchliche)에서 "성경적인 것"(biblische)으로의 역행이거나, 핫지의 표현에 따르면 넓은 의미에서의 용어로 "신비적"(mystisch)이었습니다.[10]

이 혁신적 사상가가 신학에 기여한 모든 선한 일에 감사하며 또한 인정합니다. 그가 종교의 독립성을 다시금 강력하게 주장하였으며, 기독교 공동체의 권리들을 다시금 따뜻하게 호소하였고, 기독교 신앙의식(geloofsbewustzijn)을 본래적인 어떤 것이 아니라 그리스도에게서 파생된 어떤 것으로 여긴 일은 결코 잊지 말아야 합니다. 심지어 우리는 위에 언급된 견해 속에 진리의 요소가 포함되어 있음을 기꺼이 인정합니다. 그럼에도 불구하고 단지 "외적 원리"(principium externum)로서의 성경만이 아니라 "내적 원리"(principium internum), 즉 교회 안에 거주하면서 교회에 왕국의 일을 깨닫게 하시는 성령 또한 우리는 고백합니다. 성령은 반드시 교회를 진리 가운데로 인도해야 합니다[요 16:13]. 왜냐하면 그분 없이 우리는 하늘의 것들과 영적인 것들을 이해할 수 없기 때문입니다[고전 2:13]. 혈(血)과 육(肉)은 그것들을 계시하지 않습니다[마 16:17]. 그러므로 성령은 교회의 교사이십니다. 신학자가 아니라 성

---

10)   W. Gass, *Geschichte der protestantischen Dogmatik*, 전 4권, (Berlin, 1854-67), IV, S. 653. Hodge, *Systematic Theology*, I, 6, 66.

령을 통해 배웠습니다. 신학이 아니라 그분을 통해 가르침을 받았습니다. 하지만 이런 맥락에서 이러한 성령의 조명과 슐라이어마허의 신비주의 사이에는 매우 본질적인 차이가 있다는 해설이 곧바로 덧붙여져야 합니다. 성령은 우리에게 단지 나로부터 독립적으로 존재하는 말씀을 깨닫게 하시지만, 슐라이어마허의 주장에 따르면 종교적 감정은 우리 지식의 원천 자체입니다. 성령은 우리가 단지 성경에 포함된 것의 진리와 아름다움을 보게 할 뿐이지만, 여기서는 진리와 아름다움의 형태들 자체가 즉각적 자의식 속에 주어져 있습니다.[11]

여러분, 우리는 이것을 수용할 수 없으며 수용해서도 안 됩니다. 진리가 참으로 **우리에게** 사랑스럽기 때문입니다. 내가 아는바, 우리의 가장 거룩한 믿음은 그 어떤 외적, 역사적 증거에 기초하는 것이 아니며, 어떤 교회의 증거에 기초하는 것도 아니라 오로지 말씀의 진리에 관하여 우리 마음속에 주어진 하나님의 증거에만 기초합니다. 하지만 바로 이 증거를 통해 우리는 그 말씀에 항상 확고하게 매입니다. 진실로 그 말씀은 우리의 감정이나 지성이나 의지에 자유로운 활동을 허용하지 않고 단순히 복종과 승인을 요구하는 권위로써 우리를 자신에게 묶습니다. 복음 설교는 언

---

11)   Dr. A. Kuyper, *De Hedendaagsche Schriftcritiek* (Amsterdam: J. H. Kruyt, 1881), 10, 11.

헤르만 바빙크의 교회를 위한 신학

제나 믿음에 앞서 가는데[롬 10:17], 복음은 우리에게 다름 아닌 신앙, 즉 무조건적 수용을 기대합니다. 복음은 결코 그 어디에서도 진리를 알기 위해 우리 자신을 주목하게 하지 않으며, 심지어 슐라이어마허와 더불어 사람들이 원하듯 그렇게 깊이 이해하는 우리의 감정조차 주목하게 하지 않습니다. 복음은 언제나 우리를 해방시키고, 거룩하게 할 수 있는 진리인 자기 자신을 전파합니다. 또한 역사는 우리가 그 말씀을 떠나서는 길을 잃으며, 말씀 없이는 천상의 것들에 대한 모든 확실하고 참된 지식을 얻을 수 없다는 것을 가장 명확하게 보여줍니다. 비록 진리를 우리의 자의식으로부터 도출하여 가능한 한 가장 순수하게 묘사하는 것이 우리의 진정한 의도라 할지라도, 이것은 불가능한 일일 것입니다. 왜냐하면 무엇이 하나님께로부터 온 것이며, 무엇이 자신의 악한 마음에서 나온 것인지 판단할 각각의 기준이 없기 때문입니다. 반면에 감정이 지식의 원천이 될 것이라는 원리는 모든 객관적인 것에 대한 오해, 성경과 역사 속의 하나님의 사역에 대한 오해로 이어지고 반드시 그러할 것입니다.[12]

따라서 성경은 단지 기준(norma)[13]일뿐만 아니라, 신학의 생사

---

12) Hodge, *Systematic Theology*, I, 97-103.

13) 개혁주의 신앙고백서들과 작가들에 따르면, 성경이 단지 기준(norma)만 아니라, 특정 지식의 원천이라는 사실은 카이퍼(Kuyper) 교수에 의해 "헤라우트"(Heraut) 30호에서 증명

(生死)를 좌우하는 특정한 원리요 지식의 원천입니다. 감정이나 이성, 교회나 신앙고백서, 교황이나 공의회는, 신앙이 그 본질을 상실하지 않는 한 결코 신앙의 원리와 내용이 될 수 없습니다. 하지만 구원하는 믿음, 즉 최상의 자유와 완벽한 확신, 완전한 신뢰, 궁핍과 사망 가운데서도 신뢰하는 믿음은 영원토록 인간의 그 무엇에 기초할 수 없으며 오직 하나님 자신과 그의 말씀에만 기초할 수 있습니다. 믿음은 그 본질, 즉 완전한 안식, 의심 없는 믿음, 두려움 없는 사랑, 부끄럼 없는 소망을 품을 때 비로소 믿음입니다. 신학도 마찬가지입니다. 신학의 존재, 확신, 학문적 권리는 신학이 관련된 원리에 의존합니다. 신학은 기독교 학문으로서 내부로부터 성경을 그 지식의 원천으로 수반합니다. 신학이 더욱 순수하게 스스로를 선언하고, 그 참된 성격을 계시하며, 모든 낯선 영향으로부터 더욱 정결해지고, 더욱 엄격히 이해되며, 가장 세밀한 신경조직까지 해부될수록, 성경이 신학의 유일하고 충분한 원리임이 더욱 분명하게 드러납니다. 진실로, 사람들은 이것을 신학의 공리(postulaat), 기초공리(grondaxioma)라고 정당하게 부를 수 있습니다. 바로 이런 이유 때문에 선험적으로(a priori) 증명될 수 없습니다. 더 깊이 내재한 "원리"로부터 도출될 수 없습니다. 이것이 신학

되었고, "인식의 원리"(principium cognoscendi)라는 명칭으로부터 이미 곧바로 드러난다.

의 기본, 밑바탕, 가설(ὑπόθεσις)입니다. 이것이 신학이 근거하고 세워진 명제입니다. 더 깊은 다른 원리란 존재하지 않습니다. "기초원리의 근원은 존재할 수도 없고 탐구될 필요도 없다"고 트렐카티우스(L. Trelcatius, Jr.)가 바르게 언급했습니다.[14)

주경신학(exegetische Theologie)은 이것을 의심하지 않기에 성경이 과연 신학의 원리인지 먼저 탐구할 필요를 느끼지 않습니다. 오늘날 많은 사람이 그런 일에 주경신학의 소명이 있다고 생각합니다. 그렇게 함으로써 그들은 주경신학이 스스로를 폐기하기를 요구하는 것인데, 그렇지 않습니다. 주경신학의 영광스런 과제는 선험적으로 확립된 그 "원리"를 항상 더 선명하게, 더 분명하게 드러내고, 발생 가능한 몰래 들어온 것들과 혼합된 것들을 제거하며, 그 원리를 설명하여 그 모든 광채가 믿음의 눈앞에 비치도록 하는 것입니다. 그러므로 주경신학은 믿음에서 출발한 긍정적인 것입니다. 주경신학이 이것을 원하지 않는다면, 신학의 일부가 되기를 멈추는 것이며, 자신이 서야 할 기초를 파괴하고 자신의 무덤을 파는 것입니다.[15)

---

14) L. Trelcatius, Jr. *Scholastica et methodica locorum communium S. Theologiae Institutio* (Amstelodami, 1651), 26. "Principii principium haberi non postest nec quaeri debet."

15) 볼레비우스(Wollebius)가 자신의 『기독교 신학의 간단한 개념』(*Kort Begrijp van de Christelicke Godtsgeleertheydt*, W. L.씨에 의해 번역됨, Amsterdam, 1664), 4페이지에서 말한 것을 비교하라. "성경이 신적 기원과 권위를 지닌다는 것은 첫 번째 원리로서 모든 그리스도

이제 성경이 신학의 유일한 원리라는 명제가 많은 사람에게 비과학적이라 들릴지라도, 이에 반하여 오직 믿음에 의해 수용된 원리에서 출발하는 우리의 학문이 다른 모든 학문과 동일하게 서 있음은 분명한 사실입니다. 모든 학문은 입증 없이 수용하는 하나의 공리(axioma), 하나의 가정(假定)에서 출발합니다. 이 사실을 원치 않는 자는 결코 학문에 이를 수 없습니다. 지식의 시작, 중간, 그리고 마침인 절대적 지식은 우리 피조물에겐 존재하지 않습니다. 우리는 피조물의 기반 위에 서 있습니다. 우리에게 주어진 것은 먼저 생각하는 것이 아니라 숙고하는 것입니다. 따라서 우리는 우리의 사유를 위한 시작을 가져야만 합니다. 지식 추구에 있어서 우리는 선험적으로 출발하는데, 그렇지 않으면 우리는 우리 자신을 절망적 회의론(scepticisme)에 빠트릴 위험에 직면하고 아무것도 알 수 없습니다.

그러나 이것은 이런 신앙 명제가 필연적 강요와 단지 유용성의

인들 가운데 그 어떤 차이도 없다. 그러므로 그리스도인은 거룩한 성경이 하나님의 말씀인지 물을 필요가 없다." 여기서 그는 이런 언급을 덧붙인다. "왜냐하면 고등 교육기관의 학자가 만물의 첫 번째 원리들을 부정하는 자들에 대항하여 논쟁하지 않듯이, 마찬가지로 기독교의 첫 번째 원리들을 부정하는 자들의 이야기를 귀담아 들을 필요가 없다." 칼뱅 역시 *Opera omnia*, Tom. VIII. 115에서 말한다. "오직 하나님의 말씀만이 모든 해로운 판단에서 벗어나 있다"(solum Dei verbum extra omnem judicii aleam constituimus). 그리고 불링거(Bullinger)가 말한다. "하나님의 말씀은 모든 말들 위에 빛나고 그 누구에 의해서도 비판 받을 수 없는 반면, 모든 사람의 복종을 요구한다."「Heraut」 no. 30.

헤르만 바빙크의 교회를 위한 신학

이유들 때문에 반드시 수용되어야 한다고 말하는 것이 전혀 아닙니다. 결국, 공리의 진리와 확고함에 대한 증거는 공리에서 출발하여 나중에 공리 위에 세워진 학문에서 자신을 드러냅니다. 그 누구도 폭풍에 견디는 집을 모래 위에 짓지 않습니다. 만일 증명할수 없는 기초 위에 세워진 명제들이 확고하지 않다면, 자연과학, 수학, 수사학은 존재할 수 없을 것입니다. 마찬가지로 만일 신학이라는 건물의 기초가 돌이 아닌 모래였다면, 신학은 그 어떤 백과사전적 전체, 그 어떤 조화로운 체계를 형성할 수 없고, 이미 오래전에 내적 갈등으로 불타 사라지고 엉망이 되었을 것입니다.

게다가 우리는 학문의 고유한 증거로 인해 그 어떤 강요도 없이 모든 학문의 기초명제들을 자연스럽게 수용합니다. 그것은 우리가 힘으로 제거할 수 없는 "본유관념, 보편개념, 영원한 진리들"입니다.[16] 만일 여기에 대하여 이것은 신학의 경우에 꼭 맞지 않고, 그와 반대로 신학의 원리는 본성상 우리 안에 놓여 있지 않으며, 진실로 모든 증거를 상실하고 마음과 지성 모두의 갈등과 투쟁을 감수하고서야 비로소 우리에게 수용된다고 반론을 제기한다

---

16) "본유관념"(ideae innatae)에 대하여는 스프라위트(C. B. Spruyt) 박사의 중요한 『본유관념론 역사의 증거』(*Proeve van eene geschiedenis van de leer der aangeboren begrippen*, Brill, 1879)를 참조하라. 역자주: 본유관념(idea innata)이란 논리적인 개념으로서 경험에 의해서 후천적으로(a posteriori) 습득하는 것이 아닌, 우리가 태어날 때부터 선천적(a priori)으로 간직하고 있는 관념을 말한다.

면, 저의 대답은 다음과 같습니다. 보시오, 그것이 바로 그 원리가 진리라는 증거이며 영광스런 신학의 증거입니다. 왜냐하면 다른 학문이 세워지는 원리는 인간의 본성에 기초하고, "본유관념"으로서 그의 이성이나 양심, 그의 지성이나 감정에 놓여 있기 때문입니다. 하지만 우리의 학문은 이런 식으로 이것들과 함께 하지 않습니다. 우리 학문의 "원리"는 본성상 우리 안에 놓여 있지 않고 또한 그 어떤 노력이나 연습으로 우리 안에 길러질 수도 없습니다. 그것은 우리 본성 전체와 오히려 충돌합니다.[17] 이 원리는 우리에게 먼저 인정되고, 중생의 새로운 생명으로 우리 안에 놓여지고, 성령의 사역의 열매인 신앙 안에서 우리 안에 먼저 심겨집니다. 이제 이 새로운, 영적, 천상의 생명을 통해 -그리고 또 함께 생각해볼 만한 것을 든다면- 소위 다른 학문의 공리들과 함께 발생하듯이, 이 원리를 수용하는 것은 모든 참된 신학에서 자연스럽게 저절로 발생한다는 것이 저의 주장입니다. 마음의 신앙에 대한 명제는 다음과 같습니다. 신학의 유일하고 충분한 지식의 원천인 성경은 즉각적으로 명백하며, 선험적으로(a priori) 확고히 서 있습니다. 이 진리는 일종의 "본유관념"(idea innata)으로서, 영적 생명의 본성 안에 포함

---

17) P. van Mastricht, *Theoretico-practica Theologia* (Amsterdam, 1724), 13. W. Amezes, *Mergh der Ghodtgheleerdtheidt*, 메이어(L. Meijer)에 의한 번역, (Amsterdam, 1656), 2.

헤르만 바빙크의 교회를 위한 신학

되어 있습니다. 혹은 역사적으로 달리 표현하자면, 종교개혁의 형식적 원리는 종교개혁의 '내용적 원리'와 함께 저절로 주어졌습니다. 따라서 많은 의미를 지닌 현상이 발생했습니다. 즉, 교회는 이 진리를 표현하기보다는 항상 가정하였으며, 모든 방면으로 완성하고 변호하였습니다. 영적 생명이 부흥했던 시기에 그리고 가장 철저하고 가장 세심하게 성령을 따라 동행했던 자들에게 이 진리는 "일차적 진리"(primum verum)로서 확고하였습니다. 모든 참된 신자는 자신들의 최상의 순간들, 예를 들어 믿음의 삶에 대한 가장 즉각적 표현인 기도 가운데, 비록 멀리 떠나 방황했다 할지라도, 다시금 이 진리로 되돌아왔습니다.[18])

이제 신학은 잘 정의되고 확립된 고유한 원리를 갖습니다. 이 원리는 다른 학문의 원리와 그 어떤 공통점을 갖지 않은 채 그 넓은 영역 가운데서 자신의 자리를 주장합니다. 그것은 고유한 자리인 동시에 매력적인 자리인데, 왜냐하면 신학의 원리는 이미

---

18) 여기서 나는 핫지(Hodge)의 『조직신학』 I, 16, 17에서 진리와 연관된 문장들을 기록한다. "성령의 내적 가르침은 아주 합법적이고 강력하여서 두 가지 신학을 가진 사람들을 찾는 것은 비범한 일이 아니다 – 지성의 신학과 마음의 신학. 한 사람은 신조들과 신학체계에서 그 신학의 표현을 발견하고, 다른 사람은 그들의 기도와 찬송 가운데 그 신학의 표현을 발견할 것이다. 사람이 자신의 신학 속에 모든 교파의 참된 그리스도인들의 경건 서적들에 의해 지지를 받지 않는 그 어떤 것도 허용하지 않겠다고 결심하는 것이 안전할 것이다. 로마교 신자, 루터파, 개혁파, 그리고 항변파에 의해 수용되고 승인된 그런 저술들로부터 어떤 지성적이고 독실한 칼빈주의자를 만족시키는 바울 신학 혹은 어거스틴 신학의 체계를 수립하는 것은 쉬울 것이다."

다른 학문들 위에 자신의 영광과 탁월성을 드러내기 때문입니다. 그럼에도 불구하고 그 다른 학문들 모두가 기초하는 원리는 "그 본성에 따른"(in suo genere) 원리로서 "절대적으로 일차 원리들"(absolute prima principia)이 될 수 없습니다. 다른 학문들 자체는 모두 다시금 자신의 능력의 말씀을 통해 만물을 붙드시는 그분 안에 기초합니다[히 1:3].[19] 하지만 그럼에도 이 신학은 결국 그 모든 파생된 원리를 멀리 자신의 뒤로 하고, 자신의 원리를 다름 아닌 하나님 자신과 그의 말씀 속에 둡니다. 신학은 하나님으로부터 나와 그의 말씀을 통해 우리에게 알려졌습니다. 하나님 자신이 신학의 원천이며, 성경이 지식의 원천입니다. 그러므로 신학은 그 기원에 있어서 거룩하며, 다른 모든 학문과 본질적으로 구별됩니다. 신학은 초자연적이며, 이 세상에 속한 것이 아닙니다. 그렇지 않았다면 세상이 신학을 알고 인정했을 것입니다. 하지만 이제 신학은 여기 세상에 속하지 아니하였습니다[요 18:36].

---

19) Trelcatius, *Theologiae Institutio*, 11.

헤르만 바빙크의 교회를 위한 신학

(2) 거룩한 신학의 내용

거룩한 신학의 학문적 기원이 가시적 사물들의 영역 안에 놓여 있지 않다면, 여러분, 신학이 펼쳐야 하는 내용 역시 이 세상에 속하지 않습니다. 그 내용이 무엇이든 신학이 지닌 명칭 속에 이미 담겨 있습니다. 신학(Theologie)이 신학(Godgeleerdheid)이라 일컬어지는 까닭은 단지 그것이 하나님으로부터 기원했기 때문만 아니라 또한 하나님을 대상으로 했기 때문입니다. 어원학적 의미에서 또한 그리스 사람의 일상적 의미에서도 신학이란 항상 교회 안에서 이해되었으며, 이 명칭이 그릇된 명칭으로 사용된 것은 특별히 우리 시대가 처음입니다. 물론 신학이라는 명칭이 언제나 완전히 동일한 의미는 아니었음을 제가 모르는 바가 아닙니다. 제일 먼저 기독교회에서 신학이란 명칭은 그리스도의 신적 본성에 대한 교리를 가리켰습니다. 그런 까닭에 아마도 요한은 계시록(Apocalypse)의 제목에서 신학자(Theologus)라는 별명을 얻었던 것입니다. 그 후에는 또한 하나님과 삼위일체 교리를 가리켰습니다. 비록 신학의 개념이 자신의 모든 내용을 단번에 드러내지 못하지만, 오늘날 신학의 전체 주기(cyclus)에서 사용되기까지 언제나 역사의 흐름 속에 자신을 더 많이 펼쳐 보였다는 사실은 명백합니다. 첼러(Ed. Zeller)는 자신의 『그리스 철학』(*Die Philosophie der Grieken*)에서[20] 다음과 같이 고찰했습니다. "철학이란 명칭은 단지 점차적으로 확립되었고, 철학 역시 영적인 삶의 특별한 형태로서 단지 점차적으로 등장하였다." 이것은 단어를 신학으로 바꿔서도 적용됩니다. 신학이란 명칭은 신학 자체가 확장됨에 따라 점점 더 많은 것을 포함합니다. 신학은 점차 성장하고 따라서 정상적으로 발전하는 하나의 유기체로 나타납니다. 그 명칭 속에 포함된 것을 항상 더 많이 확대하고 펼칩니다. 과거에 이해되고 이해될 수 있었던 것보다 훨씬 많은 것들이 좁은 의미의 신론에 속한다는 사실은 점점 더 분명해졌고 또 분명해집니다. 그 명칭 아래 가르쳐지는 과목들은 그 수효와 범위에 있어서 점점 더 확장되어갑니다.[21] 이런 맥락에서 최근에 카이퍼(A. Kuyper) 교수가 매우 정당하게 수없이 강조했던 불균형이 우리 시대에 처음으로 등장하기 전까지 조직신학이 제일 먼저 그리고 지속적으로 가장 강력하게 발전했다는 것은 주목할 필요가 있습니다. 오늘날 우리가 주경신학, 역사신학, 그리고 실천신학으로 요약하는 모든 과목은

---

20) E. G. Zeller, *Die Philosophie der Griechen in ihrer geschichtlichen Entwicklung*, 전 3권, (Leipzig, 1845-52, 4판, 전 3부, 6권, Leipzig, 1889), I, S. 3.

21) O. Zöckler, *Handbuch der theologischen Wissenschaften in encyclopaedischer Darstellung*, 전 3권, (Nördlingen, 1883-85, 보충서 포함 1889), I, S. 78. 이것은 금세기에 생겨난 모든 신학 과목들 역시 신학의 주기 속에 하나의 자리를 획득해야 한다고 말하는 것이 결코 아닙니다. 어떤 과목들은 "더 새로운"(nieuwere) 성경관에서 비롯되었고, 따라서 **신학**백과에 포함될 수 없다.

이 조직신학으로부터 나와서 오랜 세월에 걸쳐 조직신학 주위에 모여들었습니다. 조직신학에서 나온 나머지 신학과목들은 마음에서 나온 생명의 출구들과 같았습니다[잠 4:23]. 하지만 조직신학은 신학의 핵심과 중심점으로 머물렀고, 다른 것보다 우선적으로 연마되었으며, 여전히 오랫동안 탁월한 의미에서 신학의 명칭을 지녔었습니다.

신학이 어떻게 확대되었든 간에, 신학의 모습을 전적으로 바꾸지 않고 신학을 진정으로 폐기하지 않는 한, 이 명칭의 고유한 의미는 반드시 보존되어야 합니다. 이 의미를 통해 어떤 것이 신학의 영역에 속하는지 속하지 않는지 결정되어야 합니다. 즉, 합법적 이론과목으로서 그 영역에 속하는지 혹은 금지된 이론과목으로서 제외되어야 하는지 결정되어야 합니다. 오로지 이런 식으로 신학은 정상적 발전을 이룹니다.

최근의 고등교육법에 의해 우리 국립대학들에 속한 신학이 경험한 정상적 발전이 아닌 퇴보로서의 변화는 반드시 비판되어야 합니다. 신학(Godgeleerdheid)이란 명칭은 유지되었으나, 초등교육법의 "기독교 미덕"(Christelijke deugden) 조례와 마찬가지로 그 어떤 권리도 갖지 못했습니다. 우리나라 전문대학교들에서 이 잘못된 명칭 아래 가르쳐지고 있는 것들을 개관할 때, 우리는 단지 각각의 가장 중요한 사상과 "유기적 원리"를 빠뜨린 다양한 과목의 집합일 뿐이라는 것을 발견합니다. 따라서 신학백과에서 교수가 그 과목들을 하나의 주기(cyclus)로 요약하고 그 유기체를 가르친다는 것은 불가능한 일입니다.[22] 그런데도 그 과목들을 결합시켜 신학부 전체를 하나의 종교학부로 변형시키려는 목표가 눈에 빤히 보입니다. 즉, 하나님을 더 이상 신학의 대상으로 삼지 않고, 종교를 흥미로운 역사적 현상으로서 연구하고, 그 종교적 기원, 발전 그리고 규례들을 배우려는 것입니다. 심지어 이러한 추구는 더 나아가 다름 아닌 신학 전체를 모든 시대 모든 민족의 다양한 종교들에 대한 학문으로 대체하고, 따라서 상호 비교를 통한 가장 순수한 최상의 종교에 도달하려는 목적을 지니며, 그래서 이 최상의 종교는 잠시 동안 참된 종교로 "권위 있게"(ex cathedra) 선포될 것입니다.

여러분, 이제 신학은 더 이상 존재하지 않습니다. 다름 아닌 신학의 세속화가 완성되었다는 말입니다. 여러 가지 이유로 우리는 여기에 동의할 수 없습니다. 대상(object)으로서의 종교는 불확실하고 유동적이어서 본질과 내용과 범위에 있어서 그 어떤 두 종교도 동일하게 묘사될 수 없습니다. 그뿐만이 아닙니다. 종교학은 의식적으로도 유일하고 충분한 신학의 원리, 즉 성경으로부터 완

---

22) 라우엔호프(Rauwenhoff) 교수 역시 그와 같이 판단한다. Theologisch Tijdschrift (1878), 206-212. 참조. Prof. Lamers, 『신학과 철학의 영역에서 새로운 기여들』(*Nieuwe Bijdragen op het gebied der Godgeleerdheid en wijsbegeerte*), by Dr. Cramer en Dr. Lamers. II, 2.

전히 분리되었기 때문입니다. 이 종교학은 각각의 다른 책을 대하 듯 성경을 대합니다. 따라서 소위 중립적 입장에서 모든 종교에 대해 자신을 밖에 두고, 임의로 계획된 잣대로 그 종교를 판단하 고 비교합니다. 그렇게 함으로써 다름 아닌 '사람의 종교적 의식' 에 대한 분석이 되고 맙니다. 그러므로 사실상 기독교는 자신의 그 절대적 성격을 빼앗기고 맙니다. 모든 종교는 동일 선상에 놓입 니다. 진화론 역시 그 종교들에 적용되어, 형태상 고등 종교는 하 등 종교가 발전한 것으로 이해됩니다. 그렇다면 왜 그런 학문이 대학의 학문 가운데 고유한 자리를 차지해야만 하고 오히려 역사 적 과학이나 심리학적 과학에 속하지 않는지요? 이는 참으로 이 해되지 않으며, 그저 실용적인 계산으로만 변호될 수 있겠습니다. 종교학에는 고유한 원리와 고유한 대상이 완전히 빠져있습니다. 신학은 단순히 인류학이 되고 맙니다. 하나님은 인간에 의해 형성 된 하나의 이상(ideaal), 하나의 형상, 즉 하나의 우상이 됩니다. 왜 냐하면 모든 우상숭배는 내적 법칙에 따라, 처음에 사람이 그 앞 에 겸손히 무릎 꿇던 형상을 조롱함으로 끝나고, 종교란 종국엔 유치한 망상에 지나지 않는 것으로 여겨지며, 기껏해야 "인간의 정신 병리학"가운데 한 장(章)을 구성하기 때문입니다.

그러나 종교학의 명칭에 다른 의미를 부여할 수 있는데, 드 라 쏘쎄이(de la Saussaye)가 어디선가 묘사한 것처럼 종교학을 이해 할 수 있습니다.

[종교학이란] 단지 종교가 삶 속에서 자신을 어떻게 드러내는지 그 방식만 아니라 또한 자신의 존재 권리를 따라, 그 안에서 자신을 계시한 영원한 진리를 따라 연구하는 것이다. 그러므로 단지 인간이 종교를 갖는 방식만 아니라, 또한 하나님이 인간에게 그리고 인간 속에 자신을 어떻게 계시하는지 그 방식을 따라 연구하는 것이다.[23]

따라서 기독교 신학은 기독 종교에 대한 학문, 그 기원, 권리, 그리고 진리에 대한 연구, 혹은 단순히 기독교에 대한 학문,[24] 혹은 달리 표현하자면, 드 라 쏘쎄이와 더불어 기독교회에 대한 학문, 그런 기독교 공동체에 영감을 주는 영(geest)에 대한 전체적인 삶의 표현 등으로 정의할 수 있을 것입니다.[25] 모든 정의는 서로 얼마나 차이가 나든 그 본질상 일치합니다. 용어의 유사성에 미혹된 사람은 심지어 이런 정의의 정당성을 위해 단지 항변파의 림보르흐(Limborch)만 아니라, 또한 하나님 자신만 아니라 "하나님 경배"도

---

23) D. Chantepie de la Saussaye, *De plaats der Theologische wetenschap in de Encyclopaedie der wetenschappen* (Groningen, 1872), 23.

24) 참조. J. I. Doedes, *Encyclopaedie der Christelijke Theologie* (Utrecht, 1876). G. H. Lamers, *De Wetenschap van den godsdienst en de Christelijke Theologie* (Groningen, 1874). H. von der Goltz, *Die christlichen Grundwahrheiten* (Gotha, 1873). Heinrich J. M. Voigt, *Fundamentaldogmatik* (Gotha, 1874), S. 650.

25) Daniel Chantepie de la Saussaye, *De gebondenheid en de vrijheid der Theologische wetenschap* (Groningen, 1873), 24. Idem., *Het wezen der Theologie* (Rotterdam, 1867), 30.

헤르만 바빙크의 교회를 위한 신학

신학의 고유한 대상으로 언급하는 부르마누스(Burmannus)와 마스트리흐트(Mastricht), 아 마르크(a Marck)와 더 모르(de Moor)와 같은 개혁주의자들 모두에게 호소할 수도 있을 것입니다.[26] 신학을 이렇게 정의하는 사람은 오늘날 대부분의 믿음 있는 신학자들, 즉 신학이라는 명칭을 갖고 있을지라도, 그것이 묘사하는 고유한 의미를 내버리는 모든 경향의 신학자 집단 가운데 포함됩니다.

이런 맥락에서 옛 명칭을 보존하려고 애쓰고 종교학의 명칭에 의해 대체되는 것을 용납하지 않는 것은, 비록 모호할지라도 그 명칭 속에서 신학의 성격과 본질이 스스로 나타난다는 의식이 여전히 존재함을 보여줍니다. 진실로 그러합니다. 왜냐하면, 드 라 쏘쎄이 2세(de la Saussaye Jr.)가 올바르게 이야기했다시피,[27] 교회나 기독교가 신학의 대상으로 일컬어질 때 사람들은 그것을 어떤 몇몇 중립적 의미의 경험적 사실, 환경, 현상들이 아닌, 하나님의

---

26) Philipp van Limborch, *Institutiones theologiae christianae*, 1. "신학의 가장 가깝고 즉각적인 대상은 우리가 종교라고 부르는 하나님께 대한 경배이다. 하지만 이 예배의 대상은 하나님이다. 그러므로 하나님은 그릇되게 신학의 대상이라 일컬어진다. 대상이 가장 가까이가 아니라 단지 멀리 떨어져 있을 때, 신학은 하나님에 대한 단순 지식으로 이루어진다." Burmannus, *Synopsis, dat is Kort egrijp der Heilige Godgeleertheid*, 스마우트(D. Smout)에 의한 번역. (Utrecht, 1697), Boek I, Hoofdst. II, § 30. 참조 § 52. Mastricht, *Theoretico-practica Theologia*, Lib. I, cap. I, § 47. Joh. a Marck, *Het merch der Christene Godgeleertheit*. I, § 34. Bernh. de Moor, *Commentarius perpetuus in Johannis Marckii Compendium theologiae Christianae didactico-elencticum*, 전 7권, (Lugduni-Batavorum, 1761-78), I, 112.

27) J. H. Gunning Jr. en P. D. Chantepie de la Saussaye Dz., *Het ethische beginsel der Theologie* (Groningen, 1877), 47.

사역, 진리의 계시로 여기기 때문입니다. 사람은 순수 경험적 사실에서 출발하지 않고 그 사실에 대한 견해와 평가에서 출발합니다. 하나님은 그 사실들 가운데서 특별한 방식으로 자신을 계시하십니다. 따라서, 이것을 신학이 고려해야 합니다. 그 사실들 자체로서가 아니라 하나님의 계시로서 고려해야 하는 것입니다. 그러므로 실제적으로 하나님 자신이 신학의 대상입니다. 오직 하나님의 자기 계시와, 그 가운데서 하나님이 자신을 계시하는 한, 오직 그것만이 신학의 대상이 될 수 있고 되어야 합니다.

하지만 더 큰 반대가 이런 정의를 압박합니다. 왜냐하면 출발점인 교회와 기독교에 대한 가치평가는 오직 성경에서 비롯되었지만, 사람들은 신학의 정의에서 역행(逆行)하는 방식으로 교회에서 성경으로, 공동체에서 그리스도께로, 인간에게서 하나님께로, 신앙의 성격에서 신앙의 대상으로, 삶에서 교리로, 윤리학에서 교의학으로 가려고 하기 때문입니다. 석조건물이 슬며시 밀려나는 바닷모래 위에 지어집니다. 그래서 그리스도는 **성경이 말하는** 그리스도가 아닌 우리 환상이 지어낸 하나의 이상(ideaal)이 되고 맙니다. 이것에 대해 슈바이처(Schweizer)와 함께 다음과 같이 반론을 제기할 수 있습니다. "마치 똑같은 방식으로는 가톨릭 기독교의 감정(정서)이 마리아를 동등한 차원에서 죄없는 천상의 여왕으로 만들 수 없는 것처럼."[28) 그러므로 여기서도 우리가 나중에 슐라이어마허에게서 전혀 인정할 수 없는 그것, 즉 자의식에 기초한 진리가 적용됩니다. 이 명제는 로마교의 얼룩에서 벗어나지 못한 현대적 연관성을 보여주고, 또한 전적으로 비개혁주의적이며, 신학의 성격과 전적으로 모순됩니다.

사람들은 교회와 기독교를 신학의 대상으로 만드는 한편, 더 나아가 이 둘을 부적절한 관계 속에 놓고 그 간격을 더욱 확대합니다. 이제는 교회와 신학을 분리시켜 이 둘이 상상할 수 없는 손해를 입게 합니다. 이런 식으로 신학은 결국 기독교, 교회를 관찰하는 하나의 "전망대"(Warte), 하나의 종교관, 일종의 종교철학이 되고 맙니다. 그래서 신학자는 믿음의 도덕적 끈으로 자신의 대상에 묶여야 한다고 매우 절박하게 요청되고 있음에도, 교회 밖에서 공동체를 대하는 학문의 사람으로 서게 되는 셈입니다. 이것이 신학을 교만과 자기만족에 빠지게 하며, 교회를 신학으로부터 멀어지게 합니다. 이로 인해 믿음과 학문은 더욱 화해할 수 없을 정도로 대립하게 되었습니다.

이런 관계는 올바른 것이 아닙니다. 교회와 기독교는 신학

---

28) A. Schweizer, *Die Glaubenslehre der evangelisch-reformirten Kirche*, 전 2권, (Zürich, 1844-47), I, S. 94.

의 대상이 아니라, 저의 표현을 따른다면, 신학의 주체입니다. 신학 자체는 종교입니다. 신학은 기독교에 대한 학문이 아니라 학문으로서의 기독교 자체입니다. 신학은 하나님에 대한 의식 (bewustzijn)이며, 바로 그 이유로 자의식(zelfbewustzijn)입니다. 신학은 하나님에 대한 지식(kennis)이며, 바로 그 이유로 교회의 자기지식(zelfkennis)입니다. 말하자면, 신학이 생각하고 아는 것은 교회 자체입니다. 원리적으로 교회는 곧 하나님에 관하여 하나님의 가르침을 받은 신학자입니다[요 6:25; 요일 2:20, 27]. 교회는 성령의 촉구를 통해 신학이 생겨나게 했습니다. 교회는 확신을 얻기 위해 혹은 스스로에 관하여 정보를 얻기 위해 신학부 교수진의 평가를 받지 않습니다. 진실로 교회는 스스로를 완전히 의식하며, 즉각적으로 자신에 대해 확신합니다. 하지만 교회는 언제나 믿음을 통해 이미 소유한 그분을 신학을 통해 더 배우길 원합니다. 교회는 지성의 측면에서도 전적 믿음이기를 원합니다. 교회는 머리로도 하나님을 섬기기 원합니다. 왜냐하면 교회는, 참된 경건이란 단지 누군가가 지성과 영혼과 모든 힘을 지닌 전 인격의 사람이라는 것을 확신하기 때문입니다[눅 10:27]. 신학은 의심이나 확신의 필요에서 나온 것이 아니라 믿음의 '충만한 확신'으로부터 태어났습니다.[29] 그래서 교회와 신학 사이에는 본질상 차이가 없으며, 단지 선명도의 차이가 있을 뿐입니다. 신학자는 교회 밖이나 교회 반대편에 서지 않고 전적으로 교회 안에 서 있습니다. 신학은 가장 높고 가장 영광스럽고 가장 풍부한 계시를 지닌 교회 그 자체입니다. 신학은 다름 아닌 믿음이며, 성령의 촉구를 통해 사상 세계에서 높이 고양됩니다. 또한 학문의 영역에서도 예수 그리스도를 모든 지혜와 지식의 보화가 그 안에 감춰진 분으로 고백합니다[골 2:3].

이런 식으로 신학이란 다름 아닌 기독교, 교회, 지식으로서의 믿음이기 때문에, 신학은 또한 바로 그 기독교, 교회, 믿음 외에 그 어떤 다른 내용을 갖지 않습니다. 창세로부터 그의 보이지 아니하는 것들[롬 1:20], 즉 그리스도의 얼굴에 있는 하나님 자신 말고 무슨 다른 내용이 있단 말입니까[고후 4:6]? 이것이 신학의 내용, 그리고 대상입니다. 물론 그는 스스로 존재하며, 깊은 심연의 불가해한 존재로서의 하나님이 아니라 –개혁주의자들이 바르게 구별했듯이– 자연과 은혜 가운데 자신을 계시하기를 원하셨던 하나

---

29) R. Rothe, *Theologische Ethik*, 전 5권, 2판, (Wittenberg 1869-71), I, § 7. 위에 지시된 종교와 신학의 관계를 뷔텐바흐(Wyttenbach)가 Schweizer, *Die Glaubenslehre der evangelisch-reformirten Kirche*, I, S. 147에서 다음과 같이 간단하게 잘 표현하였다. "종교는 본래 신학과 다르지 않다"(religio proprie non differt a theologia).

님이십니다. 계시 외에 다른 무엇으로 그분을 알 수 있을까요? 우리의 신학 전체는 모사적(Ectypisch)입니다. 그리스도 예수 안에 있는 하나님이 신학의 영광스런 대상입니다. 신학은 삼위일체로 존재하시고, 그의 본질과 속성들, 그의 말씀과 행위들, 그의 충만한 자기 계시, 자신의 모든 피조물에 대해 갖는 관계 속에 계시는 그분을 관조하며 묵상합니다. 그분을 계시하는 모든 것, 그분을 알리는 어떤 것들이 신학에서 다루어집니다. 신학은 성경과 교회의 영역에서 가장 어렵고 가장 힘든 노력이 필요한 연구들을 감당하는데, 이것은 항상 그리스도 안에서 하나님을 더 배우고, 그 지식을 요약하고 삶 속에 드러내기 위해, 그리고 그분이 지식 가운데 섬김을 받으시고 섬김 가운데 알려지시도록 하기 위함입니다. 이것이 지식에 대한 참된 갈증입니다. 이것을 느끼는 자가 진실로 신학자입니다.

그러므로 신학에서 취급되는 모든 것은 하나님께 대하여 어떤 관계에 서 있는 것으로서 나타납니다. 그 모든 것은 토마스 아퀴나스가 묘사했듯이 "부분들"(partes)이나 "외형"(species) 혹은 "우발사건"(accidentia)", 하나님과 나란히 상대적으로 독립적인 어떤 것이 아니라, 하나님이 유일한 대상이며 다른 모든 것은 그분과 연관되어 취해지고 배열됩니다.[30] 모든 것은 그분 아래 포함되고, 그분이 자신에 대해 정한 자리인 "사격"(斜格, casus obliquus)에 놓여집니다. 그러므로 우리의 학문 전체는 신학적(Theologisch), 신중심적(Theocentrisch)입니다. 신학에서는 '우리가 사물에 대하여 생각하는 것과 그것이 우리와 어떤 관계에 있는가?' 라는 질문이 결코 제기되지 않습니다. 단지 제기되는 질문이 있다면, 그것은 '자신의 빛에 있어서 그리고 자신의 입장에서 자신에 대하여 그리고 모든 사물에 대하여 하나님의 관점은 무엇이며, 그분이 자신에 대하여 우리에게 계시하고자 하는 지식은 무엇인가?' 라는 질문 뿐입니다. 그러므로 신학의 내용은 유니우스(Fr. Junius)와 함께 "정통 신학자들"(Patres Orthodoxi)의 발자취를 따라 다음과 같이 간명하게 정의할 수 있습니다.

> 하나님은 정격(recto casu)으로 계시거나 혹은 사격(obliquo casu)으로, 즉 하나님의(Dei, 속격), 하나님에게(Deo, 대격), 하나님께 대해(ad Deum, 목적격) 혹은 하나님으로부터(a Deo, 탈격 혹은 호격) 언급될 수 있다. 요컨대 하나님 그분은 모든 격에 따라 자신의 확실한 관계와 질서를 가지신다.[31]

---

30)   Thomas Aquinas, *Summa Theologia*, Qu. I, art. 7. F. Gomarus, *Disputationes Theologicae*, I, 20.

31)   Fr. Junius, *Opera Omnia*, I, fol. 1404. ed. Dr. A. Kuyper, 78.

오직 이런 묘사로써 신학의 독립적 성격이 보존되었다고 저는 생각합니다. 그렇지 않다면, 신학은 언제나 다소 인간론(anthropologie)이 될 것입니다. 다른 종교에 있어서 인간이 존재하듯이 인간에게 하나님이 존재하는 거라고 보는 일이 있을 것입니다. 이런 주장을 기독교에도 적용하는 자는 기독교의 본질적 성격을 오해한 것입니다. 기독교는 바로 우리가 장차 하나님을 본받을 자들이며[엡 5:1], 그의 형상을 지닐 것이며(그분이 우리 형상을 지닐 것이 아니라) 마치 그분처럼 거룩하고 완전하게 될 것이란 주장과 더불어 등장합니다[벧전 1:15; 마 5:48]. 하나님이 계신 것처럼, 우리가 존재해야 마땅합니다. 또한 종종 성경에 분명하게 나타나는 신인동형론(anthropomorphisme)[32]은 하나님이 자신의 형상과 모양을 따라 인간을 창조하셨다는 사실에 기초합니다[창 1:26-27]. 이와 같이 우리의 신학도 그분의 형상에 따라 일치되고 개혁된, 그분의 형상에 대한 복사, 모사(ectype), 형상 외에 결코 다른 것이 되어서는 안 됩니다. 그러므로 신학은 신학으로 머물러야 합니다!

그런 맥락에서 참으로 우리 마음은 다른 것, 예를 들어 인간

---

32) 역자주: 신인동형론이란 성경에서 하나님을 인간의 생각이나 감정, 행동을 통해 묘사하고 표현하는 기법으로, 예를 들어, '하나님의 손'과 같은 것이다.

이 손해를 당하고 잘못된 빛 아래 놓일 것이라는 두려움을 가질 필요가 없습니다. 왜냐하면 하나님이 자신의 권리를 가지실 때 비로소 모든 것이 자신의 권리를 얻을 수 있다는 사실은 전혀 의심의 여지가 없기 때문입니다. 모든 것이 하나님의 빛 가운데 놓일 때 비로소 참된 빛 가운데 서기 때문입니다[시 36:9].

하지만 다른 측면에서 심각한 반론이 제기될 수도 있습니다. 하나님을 대상으로 삼는 신학은 학문이라는 명칭을 지닐 수 없다는 것입니다. 왜냐하면 하나님에 대해 나름 근거를 갖고 많이들 믿지만, 그 어떤 것도 확실한 증거를 제시할 수 없기 때문이란 겁니다.[33] 이런 반론은 하나님이 비가시적 세계에 속하는 분으로서 알 수 없는 분이라는 사실 앞에 그 근거를 두지만, 그럴 수 없습니다. 볼 수 없는 모든 것은 알 수 없다고 그 누가 감히 주장할 수 있습니까? 그렇다면 윤리학, 심리학, 철학, 그리고 모든 정신과학, 심지어 자연과학조차 어디에 존재했던 것입니까? 볼 수 있는 것도 볼 수 없는 배경 없이는 전적으로 알 수 없고, 만물을 붙드시고 [히 1:3] 형성하고 연결하는 "말씀" 없이는 전적으로 알 수 없습니다. 그렇다면 반론의 근거를, 아마도 전혀 볼 수 없는 분은 전체적

---

33)　J. I. Doedes, *Inleiding tot de leer van God* (Utrecht, 1870, 2판, 1880), 1-24. *De Leer van God* (Utrecht, 1871), 47-50, 70-76, 245. *Encyclopaedie der Christelijke Theologie*, 16.

으로 특별한 방식으로, 즉 자신의 고유한 속성에 맞춰 단지 신자에게만 자신을 계시하고 알린다는 사실에 두면 되는 것일까요? 하지만 다른 모든 학문도 믿음에 기초한다는 것 외에 연구자에게 자신의 연구 대상의 실재에 대한 믿음과 자신의 감각들과 사고를 신뢰할 수 있다는 믿음을 요구합니다. 신학의 대상이 오직 믿음의 눈으로만 관찰된다는 사실은 우리 학문의 고상함을 거스르는 것이 아니라 오히려 그 고상함에 호소하는 것입니다. 영적인 것은 또한 단지 영적인 방식으로만 연구될 수 있기 때문입니다. 이 거룩한 세계는 정결한 신부로서, 거룩하지 않은 자에게 자신의 얼굴을 드러내지 않습니다. 오직 마음이 정결한 자만 하나님을 볼 것입니다[마 5:8]. 이 세계는 우리의 도덕적 상태를 요구합니다. 그것은 단지 우리의 지성만이 아니라 우리의 모든 능력(faculteiten)을 포함하기 때문입니다. 그리고 하나님은 오직 참된 인간의 의식 가운데 자신의 형상을 비추기 때문입니다. 하지만 이 세계는 또한 스스로 자신을 드러냅니다. 그래서 그 볼 수 없는 영원한 사물들은 불가항력적이고 실질적인 권세로서, 그리고 의심을 불허하는 수많은 능력과 진리로써 우리에게 강요합니다. 우리에게 있어서 그것들의 실재는 우리의 오감(伍感)으로 관찰되는 모든 것보다 훨

헤르만 바빙크의 교회를 위한 신학

씬 더 확고하게, 그리고 영원히 존재합니다.[34)

믿음은 이런 완전한 확신을 수반하기 때문에 (그렇지 않으면 믿음은 결국 지식의 빛을 두려워하기 때문에), 믿음은 사상계에서 자유롭고 솔직하게 자신을 고양시키고, 이미 바라본 것을 확실한 결의로 더 깊이, 더 선명하게 알기 원하고, 학문의 주기(cyclus)에서 가장 탁월한 첫 번째 자리를 갈망합니다. 모든 그리스도인은 자신이 믿기 때문에, 그리고 자신이 믿는 한, 위에 있는 것들을 알고 싶은 충동을 느낍니다[골 3:2]. 혹은 더 좋게 표현하자면, 믿음이 바라본 이 세계에 대해 알고자 하는 충동은 사실상 그 믿음에 놓여 있는 것이 아니라 그 세계 자체에 놓여 있습니다. 이 세계는 우리에게 수많은 능력으로, 대단히 매력적인 아름다운 형태로, 매우 거룩하고 주권적인 진리로 우리에게 강력히 촉구하여 그 어느 것도 그 세계를 알기 위한 요구를 막을 수 없습니다. 만일 모든 위엄과 신적 아름다움을 지닌 그 세계가 우리 영혼의 눈앞에 자신을 드러낸다면, 그 세계는 우리 온 몸을 전율케 하며, 우리로 하여금 더 높은 새로운 생명에 눈뜨게 하며, 경배의 놀라움으로 충만케

---

34)   참조. J. J. van Oosterzee, *Christelijke dogmatiek*, 전 2권, (Utrecht 1870-72, 2판, 1876), I, § 3. II, § 43, 44. *Voor Kerk en Theologie*, 전 2권, (Utrecht 1872-75), I, 81-115. Hodge, *Systematic Theology*, I, 335-365. 믿는 것과 아는 것(지식)의 추상적 분리는 성경과 전적으로 충돌한다. 하나님이 알려질 수 없다면, 그를 믿는 것도 불가능하다.

할 것입니다. 플라톤의 멋진 언급에 따르면,[35] 놀라움은 철학의 시작입니다. 지식에 대한 이 충동은 하나님 자신에게서 나옵니다. 바로 그분이 우리 영혼으로 하여금 살아계신 하나님을 갈망하게 하는 분입니다[시 42:2]. 그는 우리를 통해 경탄(敬歎)을 받고, 주목되고, 알려지고, 사랑받기 원하십니다. 그는 자신의 동일한 신적 형상을 따라, 또한 그가 자신에 대해 갖는 지식의 형상을 따라 우리를 새롭게 하십니다.

신학이 학문이 아니라고 사람들이 말합니까? 신자가 바라본 것을 다른 사람들이 관찰하지 못했다는 이유로 신학에게 이 명칭 주기를 거절하는 것은 신학을 비난함이 아닙니까? 신학은 **학문이요**, "학문의 여왕"(Regina scientiarum)입니다. 신학은 모든 학문 위에 높이 서 있습니다. 왜냐하면 이 모든 학문은 단지 피조물의 특정 영역만을 그 연구 대상으로 삼기 때문입니다. 그것들 모두는 코스모스나 인간을 취급하고, 따라서 모두 피조물 주위를 맴돕니다. 하지만 우리의 학문은 그것들을 뒤로 멀리하고 피조물에게서 눈을 돌려 창조주를 주목합니다. 하나님에게서 태어난 신학은 또한 그분 자신을 대상으로 삼습니다. 신학이 다른 학문들

---

35) Plato, *Theaetetus*, 155 D. Cf. Zeller, *Die Philosophie der Griechen in ihrer geschichtlichen Entwicklung*, II, S. 511.

과 나란히 고유한 원리를 갖는 것처럼, 그것은 또한 선명하게 지시할 수 있는 고유한 대상, 다름 아닌 하나님 자신, 만물의 창조주이며 보존자를 대상으로 삼습니다. 따라서 신학은 학문의 영역에서 영예의 자리를 요구합니다. 여러분, 신학자들이 최근 수년 동안 그들 자신의 학문에 초래했던 것, 즉 다른 학문들 앞에 겸손히 무릎 꿇어 그들의 영역에서 신학을 위한 한 자리를 얻기 바랐던 것보다 더 심한 비방과 통렬한 멸시는 없을 것입니다. 호의로서가 아니라 권리로서 영광의 첫 번째 자리가 신학에게 주어집니다. 이 자리를 신학에 양보하지 않는다 해도, 신학은 너무도 위풍당당하여, 시녀의 자리로 내려가지 않을 것입니다. 신학은 멸시를 당한다 할지라도 여왕으로 머물 것입니다.

물론, 다시 말하지만 신학은 다른 모든 학문들과 매우 긴밀한 관계를 갖습니다. 하지만 이 관계는 드 라 쏘쎄이[36]와 함께 일차적으로 그리고 배타적으로 신학의 인간론적 성격이 아니라 오히려 다른 학문들의 신학적 성격에서 추구되어야 합니다. 이것은 신학이 자신의 자매 학문들을 강요나 힘으로 자신의 선언에 묶어

---

[36] 드 라 쏘쎄이(de la Saussaye)는 『학문들의 백과(Encyclopaedie) 가운데 있는 신학의 위치』(De plaats der theologische wetenschap in de encyclopedie der wetenschappen, 1872)에서, 신학적 학문(Theologische wetenschap)은 바로 신학(Theologie)으로서 탁월하게 인간론적(anthropologisch) 성격을 갖기에 모든 학문은 인간을 그 중심으로 두고 움직이는 학문들의 주기(cyclus)에 속한다고 주장한다.

지배하기 원한다는 의미가 결코 아닙니다. 신학은 "여왕"(Regina) 으로서 왕이신 그리스도와 마찬가지로 오로지 도덕적이고 영적 인 무기들을 통해 다스리고 정복함이 옳습니다. 이것은 모든 학 문이 신학과 하나의 접촉점을 갖는다는 사실을 의미합니다. 다른 대상과 나란히 온전히 스스로 존재하는 다양한 학문의 모든 특별 한 대상은 자신의 모든 근거를 다시금 자신들 모두를 붙들고 구 별하여 코스모스에 연결시키는 하나님 안에 둡니다. 모든 특별한 학문들이 피조된 생명에 더욱 깊숙이 파고들수록, 그것들은 더욱 더 직접적으로 얼굴과 얼굴을 대하듯 하나님을 마주하게 됩니다. 그분은 그 모든 충만한 생명을 창조하였고 지금도 여전히 보존하 며, 신학의 대상이십니다. 반대로 "특별 학문들"의 모든 대상도 신 학에서 언급되지만, 다른 것 옆에 고유한 영역으로서가 아니라 모 두 하나님과 함께 관계성을 지니는 피조물로서 언급됩니다.

그런 차원에서 신학은 "보편학문"(Universalwissenschaft)입 니다. 신학은 다른 학문들 가운데 단 하나의 학문, 철학과 상응 합니다. 철학 역시 삶과 지식의 모든 영역 가운데 그리고 그 영 역을 둘러싼 곳에 중심점을 갖습니다. 그럼에도 불구하고 신 학과 철학, 이 둘 사이의 격차는 큽니다. 철학은 인간중심적 (anthropocentrisch)이어서 모든 것을 인간의 입장에서 인간의 빛 으로 바라봅니다. 철학은 인간에 대한 관점으로 인간과 함께 중 심점과 기준이 됩니다. 하지만 신학은 신중심적(theocentrisch)이

헤르만 바빙크의 교회를 위한 신학

어서, 모든 것을 위로부터, 하나님으로부터, 그분의 빛으로 바라봅니다. 신학은 만물에 대한 하나님의 관점으로 그분과 함께 중심점과 기준이 됩니다.[37] 이 둘은 나란히 가면서 종종 다투기도 하지만, 각각이 인정받기보다는 하나가 다른 하나에게 훨씬 더 의존합니다. 이 둘 사이의 화해는 그리스도 안에서 주어졌습니다. 그것들은 언젠가 전적으로 함께 사라질 것입니다. 하나님에 대한 관점은 동시에 참 인간에 대한 관점입니다.

(3) 거룩한 신학의 목적

여러분, 이렇게 하나님께서는 자신의 말씀과 성령을 통해 자신의 교회에 신학을 주셨습니다. 이제 세 번째로 저는 하나님께서 이로써 의도하신 목적을 여러분에게 보이고자 합니다.

신학은 단지 다른 학문의 학자들에게만 아니라 또한 많은 단순한 교인들과 지적인 교인들에게도 나쁜 냄새로 여겨집니다. 그들은 신학을 자신의 가장 거룩한 믿음을 변호하는 용도보다는 투쟁의 수단으로 여기고, 신학 연구가 교회를 건설하기보다는 파

---

37) Zöckler, *Handbuch der theologischen Wissenschaften in encyclopaedischer Darstellung*, S. 15.

괴한다고 생각합니다. 신비적 경향에서 이같이 말하는 자들은 논외로 치더라도, '신학의 목적이 무엇인가?'라고 의심하는 자들이 많이 있습니다. 왜 차라리 하나님이 우리에게 주시듯, 가장 단순하게 성경 속에 담겨 있는 진리를 취하지 않고, 그 대신 생명을 죽이는 하나의 체계 속에 비틀어 짜 넣으려고 할까요? 이런 말들은 여기 이 땅에 매인 신학의 수많은 다양한 결점들 가운데서 변명은 되겠지만, 그들이 알지도 못하는 것을 부정하는 것입니다. 신학 없이 교회는 결국엔 건강하고 힘 있는 삶을 결코 살 수 없습니다. 우리 정신은 단지 일치를 기대하고 진리의 조화와 아름다움을 보기 원하는 것만이 아닙니다. 우리가 진리를 단지 개별적으로만 알고 그것들의 상호관계를 알지 못하는 한, 우리는 그 진리를 모르는 것입니다. 구원에 필요한 지식인 진리는 성경 안에 다양한 질서를 따라 흩어져 있습니다. 하나님은 결코 그 어떤 영역에서도 이미 잘라진 빵을 우리에게 주시지 않고, 우리로 하여금 빵으로 만들도록 곡식이 자라게 하십니다. 그는 우리 앞에 이미 놓인, 단지 우리가 베끼기만 하면 되는, 그 어떤 자연과학과 천문학의 체계를 주시지 않습니다. 우리가 인내와 노력으로 그 현상들을 관찰하고, 사실들을 수집하며, 법칙들을 추적하여 그 참된 개념에 이르도록, 언뜻 보기에 무질서한 그 모든 자연과 천체세계를 우리 눈앞에 펼치십니다. 가장 높은 영적인 생명의 영역에서도 마찬가지입니다. 거기서도 우리를 위한 음식은 차려져 있지 않고, 우리

헤르만 바빙크의 교회를 위한 신학

얼굴에 땀을 흘려 음식을 준비해야만 합니다. 성경은 우리가 단지 조항들을 나열해야 할 그 어떤 법문서가 아니고, 마찬가지로 우리가 단지 메아리처럼 따라 말하고 베껴야 할 정교한 진리 체계를 제공하지도 않습니다. 하나님은 인간을 향해 더 높은 목적을 갖고 계십니다. 그분은 사람들이 자신의 작업장에서 자신을 숙고하고 따르기를 원하십니다. 그분은 그들에게 그 모든 부요와 형형색색의 다양함을 지닌 성경을 하나의 유기체로서 그림처럼 생생하게 펼쳐 보이십니다. 이는 그들로 하여금 그 현상들을 관찰하고 배열하고 전체를 연결시키는 생명의 기운을 추적하도록 하기 위함입니다. 그러니 신학의 영광스런 과제는 일차적으로 하나님이 계시했던 진리의 유기체를 우리로 하여금 알게 하는 것입니다.

그래서 개혁주의 신학자들은 신학이란 정신적인 것(νοητική)이 아니라 추론하는 것(διανοητική)이며, 이해하는(appre- hensieve) 학문이 아니라 논변적(discursieve, 論辯的) 학문이라고 바르게 주장했습니다. 즉, 신학이란 단지 성경에 기록된 것을 말 그대로 혹은 문자적으로 반복하는 것이 아니라 그 재료를 작업하고 처리하는 일입니다. 어떤 것이 "많은 말들로" 성경에 있어야 할 필요는 없습니다. 신학의 재료는 반드시 형식적으로가 아니라 내용적으로, 명시적으로가 아니라 암시적으로 성경 속에 포함되어야 합니다. 그러므로 이성의 사용이 멸시를 받을 수 없습니다. 이성은 성경의 진리들을 선명하게 밝히고, 상호간에 비교하고, 거기서 다른 것을 도출하기 위한 도구로서 환영받고 존중됩니다.[38] 이성 없이는 신학의 학문과 그 진전에 대한 그 어떤 것도 언급될 수 없을 것입니다.

사유하는 정신으로 하여금 하나님의 진리를 의식하게 만드는 것이 신학의 특권입니다. 단지 믿음(πίστις)만 아니라 지식(γνῶσις)도 성령의 은사입니다. 기독교는 하나님과의 전인적 화해로서, 단지 그의 마음과 양심만 아니라 그의 지성과 이성도 하나님과 화해하는 것입니다. 그러므로 기독교를 우리 지성의 진리로서 견지하고 우리 믿음의 이성적인 것을 드러내는 것이 신학의 영광스런 목적입니다. 그리스도인은 마음으로, 그리고 이방인은 지성으로 지목하려는 것은 어차피 되지도 않을 일이기 때문입니다. 이 둘은 우리 안에서 하나가 다른 하나를 내쫓기까지 서로 다툴 것입니다. 신학은 진리들의 일치와 상호 연관성을 보여주지 않는 한, 이 목적을 이룰 수 없습니다. 핫지(Hodge)는 "대양들, 대륙들, 섬들, 산들과 강들이 지표상에 존재한다는 것을 아는 것은 한 가지며, 우리 지구상 표면 위 땅과 물의 분배를 결정한 원인들, 지구의 환경 설정, 그리고 기후, 동식물의 종류들, 상업, 문명, 나라들의 운명에

---

38) De Moor, *Commentarius perpetuus in Johannis Marckii Compendium theologiae Christianae didactico-elencticum*, I, 85-90.

헤르만 바빙크의 교회를 위한 신학

대한 환경 설정의 결과들을 아는 것은 더 높은 일"이라고 말했습니다. 이것은 신학에도 적용됩니다. 우리는 반드시 진리의 질서, 연관성을 알아야 하며, 진리의 체계가 반드시 우리에게 선명히 드러나야 합니다. 그래서 신학은 먼저 조직신학에서 절정에 이르렀고 완전히 독립적인 실체가 되었습니다.[39]

이 진리 체계는 당연히 강요될 수 없고, 원리가 외부에서 주입되어서도 안 됩니다. 우리가 해야 할 일은 다름 아닌 생명의 체계 자체를 발견하고, 기본 사상과 구조화하는 원리를 추적하며, 개념화시켜 묘사하는 것입니다. 그렇지 않다면 이 체계는 생명에 대한 죽음이요, 진리가 뒤틀리고 훼손되는 프로크루스테스의 침대 (Procrustesbed)[40]와 같을 것입니다. 체계와 원리는 둘 다 반드시 재료 자체에서 도출되어야 합니다. 즉, 이것은 사물 안에 있는 체계를 우리의 의식 가운데 언어로 변환하고, 개념으로 기술하고, 묘사하고, 숙고하는 것입니다. 이런 식으로 신학은 먼저 우리로 하여금 하나님을 알게 하고 그분을 경탄하게 합니다. 왜냐하면 계시 안에

---

39) Hodge, *Systematic Theology*, 2. L. F. Schöberlein, *Das Princip und System der Dogmatik* (Heidelberg, 1881), S. 1-34. J. T. Beck, *Einleitung in das System der christlichen Lehre*, 2판, (Stuttgart, 1870), S. 1-47.

40) 역자주: 그리스 신화의 강도 프로크루스테스(Προκρούστης)가 자신의 희생양들을 각각 크거나 작은 침대에 눕혀놓고 사지를 잡아당기거나 절단한 것을 두고 붙여진 이름이다. 사람이 어떤 일을 강압적으로 줄이거나 늘리는 결정을 하는 독단적 행태를 상징한다.

서 우리 정신은 그 어떤 질서도 발견할 수 없는 혼돈이 아니라 삼위일체 하나님의 작품과 관계된다는 복된 발견을, 결국에는 우리 마음을 경배와 조용한 감탄으로 채울 것이기 때문입니다.

그러나 신학은 전적으로 이런 이론적인 목적에 그치는 것이 아닙니다. 신학은 오히려 철저하게 실천적 목적을 지닙니다. 신학이 실천적 학문인지 이론적 학문인지에 대한 많은 논란이 있었습니다. 이 둘 사이에서 오른쪽이나 왼쪽의 선택이 있었습니다. 예를 들어 토마스주의자들은 신학을 이론적 학문으로, 스코투스주의자들은 실천적 학문으로 여겼습니다. 하지만 개혁주의자들은 단지 둘 중에 어느 하나가 아니라 그 둘 모두를 주장했습니다.[41] 이를 통해 신학은 본질적으로 철학과 구분됩니다. 철학은 단지 앎에 대한 갈증에서 태어나 오로지 아는 것과 연관된 순수 이론적 학문입니다. 원리적으로 신학이 모든 학문과 대치하는 까닭은 이 모든 학문이 자기 숭배에 빠져서 삶과 분리되어, 그 삶을 자기가 원하는 대로 마음껏 사용할 수 있는 하나의 수단으로 생각하기 때문입니다. 특히 오늘날 학문이 종종 자충족적이

---

41) 예를 들어 다음을 보라. De Moor, *Commentarius perpetuus in Johannis Marckii Compendium*, I, 83-85. 모든 개혁주의자은 부르마누스(Burmannus)가 *Synopsis*, I, 16에서 다음과 같이 선언한 진리를 확신했다. "그래서 만일 신학이 훈련을 지향하지 않는다면, 신학 자체는 신학이 아니다." Cf. 소논문 'Theologie', in Herzog, *Real-encyclopädie für protestantische Theologie und Kirche*.

고 오만한 성격을 취한다는 사실은 부정할 수 없습니다. 하겐바흐 (Hagenbach)[42]는 "과거에 경험론이 우세하여 미래적 실천의 단순한 관점이 종종 철저한 연구를 기본으로 요구했다면, 이제는 삶을 조롱하고 자신의 가장 노골적인 요구들을 더 잔인하고 엄격하게 결별한 학문성이 확대되었다."라고 말했습니다. 진실로 단지 알기 위해 헛되이 지식을 외치는 것보다 어리석은 것은 없습니다. 이것은 학식의 광기, 학문의 환상이며, 근본적으로 자신만을 위한 이기주의적 삶에 다를 바 없습니다. 이것은 단지 오늘날의 의학이나 다른 학문들에만 적용되는 것이 아니라 신학에도 적용되고, 아마도 앞으로 더 심하게 그럴 것입니다. 언젠가 필마르 (Vilmar)는 "사실"(Thatsachen)의 신학이 "수사학"(Rhetorik)의 신학으로 교체되었다고 신학을 비난했는데, 이 비난 속에는 엄청난 진리가 담겨 있습니다. 신학은 말과 용어의 장난에 너무도 오염되었습니다. 신학의 확고한 경계선이 지워졌습니다. 신학의 개념들은 그 내용과 힘을 강탈당했습니다. 신학 자체는 삶과 분리되었습니다. 교회는 금세기 전반에 걸쳐 신학자들이 갖고 노는 공이 되었습니다. 번갈아가며 비방과 아첨을 받고, 조롱과 구설수에 오른

---

42) K. R. Hagenbach, *Enzyklopädie und Methodologie der theologischen Wissenschaften* (Leipzig, 1833, 10판), S. 52.

교회의 참된 성격은 "교회가 비록 멸망한다 할지라도 학문은 전진해야만 한다"(fiat scientia, pereat ecclesia)는 슬로건 아래 모든 사람의 무시를 당하고, 사람이 스스로 고안한 체계 아래 희생되었습니다.

학문은, 무엇보다도 신학은 이런 식으로 희생을 면한 채 행동할 수 없습니다. 신학의 성격이 변질되고, 공허한 웅변술과 헛된 철학에 함몰되어 열매를 맺지 못하게 되었습니다. 생명에 근거한 신학은 생명을 위해 존재합니다. 하나님께서 우리에게 신학을 주신 것은, 이로써 우리가 그리스도의 얼굴에서 그를 알고 그래서 **영생을 얻도록** 하기 위함입니다[고후 4:6, 요 17:3]. 신학은 이론적 학문이며 또한 실천적 학문이기도 합니다. 우선, 신학은 확실히 이론적 학문입니다. 결국 우리는 단지 우리의 영혼과 감정만 아니라 또한 지성과 모든 힘을 다해, 전적으로 하나님을 섬겨야 합니다[눅 10:27]. 신학이란 단지 실천적일 뿐이라고 말하는 것은 사실상 자신이 원하는 것을 믿겠다는 말과 같은데, 왜냐하면 사람이 단지 선하게만 산다면 굳이 지성으로 하나님을 섬길 필요가 없기 때문입니다.[43] 하지만 그럼에도 불구하고 신학은 철저하게 실

---

43) Samuel Werenfels, *Opuscula, theologica, philosophica et philologica* (Basileae, 1718, 3판, Leiden, 1772), II, 292-297.

천적 학문입니다. 왜냐하면 신학에서 삶을 위해 존재하지 않는 것은 아무것도 없기 때문입니다. 신학은 그저 두뇌를 채우는 것이 아니라 전인(全人)의 일입니다. 신학은 자신의 모든 능력과 힘을 가지며, 머리와 가슴, 지성과 의지에 자리를 잡습니다. 하나님에 대한 헛되고 공허한 관점이 아니라 "신학자를 만드는 것은 마음이다"라는 잠언과 일치합니다. 이것은 우리가 하나님을 사랑하고 열매를 맺어 그를 영화롭게 하도록 하나님 자신이 우리 안에 역사하신 인간의 "성향"(habitus), 내적 정서, 지식입니다.

이것은 슐라이어마허가 합리주의자들과 초자연주의자들의 차가운 지성관에 맞서 종교의 자리를 인간 존재의 가장 깊은 곳, 그의 감정, 그의 직접적인 자의식에 있다고 가리킨 이후로, 일반적으로 인정된 것으로 봐야 합니다. 그러나 이것을 슐라이어마허 이전에는 아무도 인식하지 못했다거나, 신학이란 과거에 사소한 것을 무익하게 따지는 스콜라적인 것이었다고 생각한다면, 큰 착각을 하는 것입니다. 이것은 참으로 실천적이며, 탁월하게 윤리적이며, 삶을 지향하는 개혁신학의 특징이었습니다. 실천(praxis)은 건강한 이론에 매우 확고히 기초해야 했고, 이 이론은 반드시 좋은 실천에 이르러야 했습니다. 신학의 이런 실천적 성격 때문에 신학의 주기는 비로소 실천신학에서 마무리되고 함께 연결됩니다. 실천신학은 신학의 면류관입니다. 실천신학은 "학문 다음의 예술"이며, 학문(ἐπιστήμη)을 예술(τέχνη)로 바꾸고, 주경신학, 역사신학 그리고 조직신학으로부터 획득한 진리들을 실천으로, 삶으로 넘어가게 합니다. 그러므로 실천신학은 단지 신학의 부록 (附錄), 신학과 교회 사이의 간격을 연결하는 가교(假橋)가 아닙니다. 이는 신학의 매우 본질적인 부분으로서, 실천 없는 신학은 신학이기를 멈춥니다. 실천되지 않는 신학은 그 명칭을 부당하게 지닌 것입니다. 사랑이 없는 믿음은 불가능합니다. 하나님을 알고 그를 섬기지 않는다는 것은 상상할 수 없는 일입니다. "믿어야 할 것"(credenda)은 동시에 "행해야 할 것"(agenda)입니다. 비록 하나님이 우리의 취급 대상이 될 수 없는 것처럼 보일지라도, 그건 단지 그렇게 비칠 뿐입니다. 그가 우리 취급의 산물이라는 의미에서 대상이 아닌 것처럼 우리 믿음의 산물이라는 의미에서도 대상이 아닙니다. 하지만 그럼에도 불구하고 오직 그분만 우리의 모든 취급이 이루어지는 분입니다.[44] 신학의 이런 실천적 성격 때문에 개혁주의 신학자들은 신학이 단순히 아리스토텔레스의 추론적 미덕들 가운데 하나로 일컬어지는 것을 반대했습니다. 신학은 단순히 "지성, 학문, 지혜"가 아니며, "통찰력"이나 기술도 아니었습니다. 신학은 이 모든 것을 배제한 어떤 것이 아니라 이 모든 것을 동

---

44) Mastricht, *Theoretico-practica Theologia*, Lib. I, cap. I, § 48. De Moor, *Commentarius perpetuus in Johannis Marckii Compendium theologiae Christianae didactico-elencticum*, 84.

헤르만 바빙크의 교회를 위한 신학

시에 함께 포함하는 것이었습니다. 세상의 그 어떤 학문의 이름 아래 포함되지 않는 전적으로 고유한 종류의 학문이었습니다. 따라서 신학이 일컬어지는 명칭은 다양했습니다. 신학은 "교리" 혹은 "지혜"의 학문으로 일컬어지길 선호했습니다.[45]

신학은 이 실천적 목적을 일차적으로 **신학 연구자에게서** 달성하려고 합니다. "거듭나지 않은 자의 신학"이란 존재하지 않으며, 내용 없는 껍데기입니다. 왜냐하면 진실된 믿음 없이 신학을 연구하는 자는 신학을 삶 밖에 있는 이론으로 여기고, 그 진리를 수학적 형식으로 사용하기 때문입니다. 비치우스(Witsius)의 정의에 따르면 신학자는 이런 존재입니다.

> 지도자이신 하나님 자신에 의해 하나님과 신적인 일들에 대한 확고한 지식으로 가득 채워지고, 단지 말만 아니라 그의 삶의 전체 습관으로 하나님의 놀라운 미덕들을 기념하며, 특히 모든 것이 그분 자신의 영광을 위한 것이다.[46]

---

45) De Moor, *Commentarius perpetuus in Johannis Marckii Compendium theologiae Christianae didactico-elencticum*, 74, 75. Mastricht, *Theoretico-practica Theologia*, Lib. I, cap. I, § 46. F. Turretinus, *Compendium theologiae conscriptum a Ryssenio*, 2.

46) H. Witsius, *Miscellaneorum sacrorum*, 전 2권, (Amstelaedami & Ultrajecti 1692/1700), II, 853. 비치우스의 프라네커 취임연설 '참된 신학에 관하여'(Oratio Inauguralis Franequerana de Vero Theologo).

신학자는 밤낮으로 하나님의 성전에서 하나님을 섬기는 제사장입니다[계 7:15]. 신학자는 하나님을 선포하고 항상 그의 이름의 영광을 위해 말하는 선지자입니다. 신학자는 모든 선한 일을 위하여 능력을 갖춘 하나님의 사람입니다[딤후 3:17]. 그러므로 신학은 참으로 종교이며, 하나님을 섬기는 것이며, 그의 왕국을 위해 일하는 것입니다. 신학은 우리 신학자들이 종종 묘사하듯이 하나님을 경외함, 하나님께 대한 삶, 하나님을 향한 일입니다.[47]

신학은 이 실천적 목적을 동일하게 교회에서 추구합니다. 신학은 교회에 적대적이지 않고, 교회를 가장 거룩한 믿음으로 인도하고 그 믿음 위에 교회를 건설합니다. 어쨌든 신학을 생명 가운데 불러내어 살아있게 하는 것은 교회입니다. 그래서 신학은 이런 식으로 교회의 완전을 위해 일해야 할 의무가 있습니다. 신학이 교회에 대해 성취해야 할 소명은 다양합니다. 신학은 교회로 하여금 성경의 의미와 관점을 깨닫게 해야 하며, 말씀의 진리에서 좌우로 벗어나는 것을 막아야 합니다. 신학은 교회로 하여금 교회 역사를 알게 하고, 획득된 영적 보화들을 보여주어야 합니다. 이런 식으로 신학은 과거로부터 교회를 부요케 하고, 오늘의 역사

---

47) Mastricht. *Theoretico-practica Theologia*, Lib. I, cap. I, § 36. 45. J. Polyander, A. Rivetus, A. Walaeus, A. Thysius, *Synopsis Purioris theologiae*, (Lvgdvni Batavorvm, 1625, 6판, H. Bavinck, ed., 1881), I, § 11.

헤르만 바빙크의 교회를 위한 신학

속에서 교회의 정체성을 이해하도록 해야 합니다. 신학은 사상의 세계에서도 교회의 신앙이 최고의 참된 학문으로 빛나게 해야 합니다. 아울러, 신학은 교회를 인도하고 교회의 영적 완전을 위해 일할 교회의 봉사자들을 길어내야 합니다. 한마디로 말하면, 신학은 하나님의 공동체가 하나님을 알고 섬기게 하는 영광스런 임무를 갖습니다. 이것은 교회로 말미암아 하늘의 통치자들과 권세들에게 하나님의 각종 지혜를 알리도록 하기 위함입니다[엡 3:10].

신학은 이 고상하고 영광스런 목적을 성취할 수 있습니다. 왜냐하면 이 목적은 외부에서 신학에 부과되거나 억지로 강요된 것이 아니라, 자기 자신의 속성과 본성에서 저절로 흘러나오기 때문입니다. 이것은 신학이 싫어하는 힘겨운 과제가 아닙니다. 신학 스스로서도 다른 수가 없습니다. 자기 자신이 생명이 되고 현실이 되고 교회 안에서 모습을 형성하기까지 신학은 쉬지 않습니다. 왜냐하면 결국 신학이란 참되고 거룩한 삶을 배양할 수 없는 다른 학문들과 다르기 때문입니다. 신학은 인간의 지혜로운 말에 있지 않고[고전 2:4, 13], 믿음 안에서 그것을 연구하는 모든 자에게 구원을 주시는 하나님의 능력입니다[롬 1:16]. 신학은 경건에 속한 진리이며[딛 1:1] 따라서 열매 없는 헛된 것이 아니라[벧후 1:8] 참으로 효과적이어서, 맹인이 보게 하며 귀머거리가 듣게 하고[사 29:18; 마

11:5] 구원에 이르도록 지혜롭게 하며[딤후 3:15] 영생을 줍니다.[48]

그러나 이 모든 것을 염두에 두더라도, 신학이 추구하는 최종 목적은 그것이 아닙니다. 그 목적은 오로지 하나님의 영광뿐이며, 다른 목적은 거기에 종속됩니다. 신학이 구원과 영생을 줄 때, 이것은 하나님이 그렇게 영광을 받으시도록 하기 위함입니다. 신학이 추구하는 것은 그것입니다. 그것이 신학이 지닌 가장 거룩한 최상의 목적입니다. 하나님에게서 나와 그를 대상으로 삼는 신학은 그분 외에 다른 것을 목적으로 삼을 수 없습니다. 우리가 그를 영화롭게 하도록 자신의 지식을 우리에게 알리시며, 또한 신학이 자기 이름의 영광을 위하여 쓰임 받게 하신 분은 하나님 자신입니다. 그러므로 다른 학문이 자신들의 목적과 목적지를 발견한 피조물에 기초하고, 이 땅과 이 시간 속에서 움직이는 반면, 신학은 모든 유한자를 넘어 무한자를 추구합니다. 신학은 모든 지상의 것을 넘어 하늘에 계신 그분께 자신을 들어올립니다. 신학은 모든 시간적인 것을 통과하여 영원에 거하시는 분을 바라봅니다. 신학의 기원은 신적이며, 또한 그 마지막 목적도 그와 같이 신적입니다. 신학은 그 기원, 발전단계, 그리고 목적지에 있어서 전적으로 초자연적입니다. 하나님으로부터 흘러나와 시간과 이 땅을

---

48) Fr. Junius, *Opera Omnia*, ed., A. Kuyper. 89-92.

헤르만 바빙크의 교회를 위한 신학

넘어 자신을 영원 속에 쏟아 붓는 하나의 흐름입니다. 교회가 세상 속에 있지만 세상에 속하거나 세상을 위해 존재하지 않듯이, 마찬가지로 신학 역시 주님께서 학문의 마당에 심은 하나의 싹이며, 주님께서 영화롭게 되기 위해 그분의 손이 행하신 하나의 사역입니다. 신학은 하나님 안에서 안식하기까지 안식할 줄 모릅니다. 신학은 계속 자라고 성장하며, 신학은 지혜의 영이자 주를 경외하는 영이신 최고의 예술가, 성령의 예술품으로서 사도들과 선지자들의 토대 위에 꾸준히 건설되어 갑니다[엡 2:20].

그러므로 신학은 단 하나입니다. 신학의 역사적 발전은 전체적으로 단일합니다. 모든 시대를 지나온 교회의 신학은 관점들과 개념들의 "거칠고 무질서한 덩어리"라거나, 오류들의 미로(迷路)가 아니라, 성령에 의해 발전되고 더 넓게 펼쳐진 단일체로서 엄격히 체계적인 건축물로 완성되었습니다. 교회가 그리스도의 한 몸으로 온전한 사람을 이루어 그리스도의 장성한 분량이 충만한 데까지 이른 것처럼[엡 4:13], 신학도 역시 하나이며, 하나님의 아들을 믿는 것과 아는 일에 하나가 되기까지 자라납니다.[49] 거기에 어떤 것이 완성되었다면, 그것은 신학의 역사 가운데 진전, 사

---

49) C. F. A. Kahnis, *Drie Vortrage* (Leipzig, 1865), S. 10. 첫 번째 강의는 "신학과 대학의 다른 학문들과의 긴밀한 연관성에 대하여"(über den innigen Zusammenhang der theologischen Wissenschaft mit den übrigen Universitätswissenschaften) 취급한다.

상, 방법, 계획이 있었기 때문입니다. 말씀의 보화들은 점차 그리고 정해진 질서를 따라 공동체 의식 속에 전달되었습니다. 그리스도는 자신의 교회 안에 자신의 모든 충만함이 거하게 하십니다. 그런 까닭에 많은 진리가 이미 변함없이 존재하고 신학의 각 부분 속에 확고한 선(線)이 주어져 있습니다. 덕분에 우리는 우리 자신과 우리 학문이 손해를 입도록 거기서 벗어날 일이 없습니다.

그러므로 신학은 본질적으로 보수적(conservatief)입니다. 신학은 이전 세대의 유산을 수용하는데, 이는 그것을 허비하기 위해서가 아니라 그것을 최대한 증진시키고 더욱 개혁적으로 장차 다음 세대에 넘겨주기 위함입니다. 신학은 이 획득된 보화를 물려받습니다. 이는 그것을 다시금 비판의 용광로에 계속 던져 넣기 위해서가 아닙니다. 지난 세기들처럼 그 보화들에 강력하게 표현된 진리와 아름다움을 우리도 우리 영혼 속에서 발견할 기회를 제공하기 위함입니다. 신학의 영역에서 항상 새로운 어떤 것을 발견하려는 것은 환상입니다. 자연과학의 화려한 결과들이 신학의 영역에서도 새로운 발견을 찾도록 많은 신학자들을 유혹할 수 있습니다만, 그러한 호기심은 언제나 실망으로 끝나고 말았습니다. 하지만 신학은 진보적(progressieve) 학문이기도 합니다. 신학은 과거를 존중함으로써 신학 자체가 완성되지만, 마지막 목적을 달성하기까지 놓인 토대 위에 계속 건설해 나갑니다. 따라서 신학은 칼케돈(Chalcedon)이나 도르트레흐트(Dordrecht)에서 머물 수

그렇더라도 이 이미지는 저 인상적인 아름다움으로 인해 우리를 사로잡기 때문입니다.

결국 이와 같이 우리 학문은 다시금 참된 의미에서의 신학이며, 하나님으로부터 그 모든 지혜를 길어내기에 세상이 어리석다 말하더라도 기꺼이 위로를 받습니다.

예수 그리스도와 그의 십자가에 못 박히신 것 외에는 아무것도 알기 원하지 않는[고전 2:2] 신학은 오로지 그로부터, 그를 통하여 말하기에, 하나님에 대하여 말하는 사명을 수행합니다.

신학은 생명을 위해 생명에서 나와 성도의 완전, 그리스도의 몸의 건설[엡 4:12]을 위해 일하며, 진리 안에 있는 하나님께 대한 섬김이요, 그의 거룩한 이름에 대한 찬양과 감사입니다.

그러므로 원리와 내용과 목적을 통해 다른 모든 학문을 초월하여 구별된 신학은 사고 세계의 영역에서 '대제사장적 기도'인 이 위대한 말씀을 해석하고 펼쳐 보입니다.

영생은 곧 유일하신 참 하나님과 그가 보내신 자
예수 그리스도를 아는 것이니이다[요 17:3].

지극히 존경하는 여러분, 지난번 개최된 총회 회원 여러분! 신학의 이 영광스런 이미지가 제 눈 앞에 있기에, 저는 총회로부터 이 학교의 교사로 임명 받음을 기쁨으로 수락하고 감사함으로 받아들입니다. 이렇듯 교회를 통해 저에게 주신 신뢰는 이미 많은 점에서 교회의 빚진 자 되어 교회와 연결된 저의 사랑의 유대를 강화하기에 충분했습니다. 이 사랑은, 만일 신학 자체가 그것을 계속 상기시키지 않을지라도, 신학이 실천적 학문이며 교회의 완성에 그 목적을 두고 있다는 것을 저에게 지속적으로 상기시킬 것입니다. 교회와 이 학교 전체가 사랑과 기도로 불러주신 이 직분의 무게를 제가 감당할 수 있기를 빕니다. 지난 총회의 존경하는 의장님, 용기를 주신 당신의 진지한 말씀에 대해 진심으로 감사드립니다. 당신의 사역자들의 수많은 수고를 통해 이룩한 교회 건설과 이 학교 발전에 모두 오래도록 증인이 되기를 바랍니다.

매우 존경하고 박식한 이 학교의 이사회 여러분! 여러분은 예로부터 신학의 심장과 핵심으로 여겨진 과목들의 교육을 저에게 맡기셨습니다. 이를 통해 여러분이 저로 하여금 이 학생들과 전체 우리 교회에서 행사하도록 허락한 영향은 위대합니다. 저는 저에게 부과될 심각한 소명과 무거운 책임감에 깊이 잠겨있습니다. 그러함에도 저의 마음은 이 임무에 대한 여러 가지 이유로 인해 여러분께 감사합니다. 하나님의 도우심을 힘입어 저는 그 신뢰를 저버리지 않기를 희망합니다. 특히, 저는 이사회 의장이신 저의 아버지 당신께 감사하고, 저를 이 영광스런 섬김의 자리로 인도한 잊지 못할 당신의 말씀에 감사드립니다. 무엇보다도 당신과 저에게 많은 축복이 주어지고, 존경하는 여러분 모두에게 풍성한 날이 되고, 하나님께 대한 지속적인 기쁨과 감사의 제목이 주어지길 바랍니다. 학교 발전에 필요한 힘으로서 여러분이 이 학교를 계속 오래도록 돌볼 수 있기를 바랍니다.

학식이 풍성하고 고명하신 이 신학교의 교사들이여! 비록 우리 사이에 차이가 있다 할지라도 우리는 무엇보다도 그리스도의 영광과 교회의 구원을 중요하게 여기는 성령의 자녀들이란 생각으로, 제가 여러분의 덕망 있는 모임 가운데 자리를 차지하는 송구함을 떨쳐내려 합니다. 여러분 중에서 가장 어린 저를 사랑으로 -그래 주시리라 믿습니다- 여러분의 모임 안에 받아주십시오. 저보다 여러분께 더 많이 부여된 삶의 지혜와 믿음의 능력을 저에게 나누어주십시오. 우리 임무는 교회의 필요에 주목하든 학문의 요구에 주목하든 이루 말하기 어려울 정도로 무겁습니다. 우리에게는 극도로 어려운 요구가 주어지고 있습니다. 그럼에도 불구하고 만일 우리가 교회와 신학을 사랑하고 헌신한다면, 많은 일이 일어날 것입니다. 교회와 신학의 발전은 우리에게 소중합니다. 우리가 서로를 세워주면, 우리는 온 교회를 지극히 거룩한 믿음[유 1:20]과 하나님의 아들을 아는 지식[엡 4:13] 위에 세우는 것입니다. 그렇게 우리의 연합된 힘으로 이 학교가 하나님의 신실하심과 그의 풍성한 자비하심의 기념비가 되기까지 오래도록 존재하기를 바랍니다!

친애하는 학생 여러분! 저는 헌신하는 마음으로 기쁘게 여러분께 다가갑니다. 여러분을 거룩한 신학의 성전 안에 인도하려는 제 마음의 사랑, 저의 바람과 열심을 기대하셔도 좋습니다. 제가 추구하는 것은 여러분에게 학문 중에 가장 아름다운 이 학문에 대한 사랑, 이 모판을 제공한 교회에 대한 사랑, 무엇보다 교회가 알려준 하나님에 대한 사랑을 북돋우는 것입니다. 그러니 저의 임무는 무겁고 여러분의 임무도 무겁습니다. 여러분께 많은 것이 기대될 것이며, 계속해서 더 많이 요구될 것입니다. 열심히 공부해야 하고, 힘을 다하여 노력해야 합니다. 저는 여러분의 열심, 여러분의 사랑, 여러분의 헌신을 기대합니다. 저는 여러분의 학생회가 그 깃발에 새긴 슬로건, "이해를 추구하는 믿음"(Fides quaerit intellectum)[50]에 여러분을 단단히 묶습니다. 저는 여러분이 하나님을 배운 신학자, 그를 해설하는 제사장, 그의 영광을 선포하는 선지자가 되기를 바라 마지않습니다. 그러니 이제 우리는 상호 신뢰 가운데 우리 연구를 공동으로 진전시켜야 합니다! 언제나 우리들의 가장 큰 영광은 진리 안으로 인도하시는 유일하고 가장 큰 스승의 제자가 되는 것에 있습니다!

---

50) 역자주: 깜픈 신학교 학생회는 노르트제이(M. Noordtzij, 1840-1915)에 의해 처음 설립되었고, 1873년 Fides Quaerit Intellectum(FQI)가 학생회의 모토로서 수용되었다. M. J. Aalders, 'Fides Quaerit Intellectum', in George Harinck & Wim Berkelaar, e.a. (red.), *Christelijke Encyclopedie* (Kampen: Kok, 2005), I: 566-567.

헤르만 바빙크의 교회를 위한 신학

2.
해설

20세기 3대 개혁주의 신학자에 속하는 헤르만 바빙크(Herman Bavinck, 1854-1921)는 '정통 칼빈주의자'였으며 '아주 특별히 박식한 학자'였습니다.[51] 그는 분리파 기독개혁교회(Afgescheiden Christelijke Gereformeerde Kerk)의 후예였고, 29세에 자신이 열망하던 깜픈 신학교(de Theologische School te Kampen) 교의학 교수 사역을 시작했습니다. 바빙크의 학자로서의 자질은 1880년 레이든(Leiden) 국립대학에서 『울리히 츠빙글리의 윤리학』(De Ethiek van Ulrich Zwingli)이라는 논문을 약 8개월 만에 완성하여 '우등'(cum laude)의 성적으로 박사학위를 취득함으로써 충분히 입증

---

51) E. P. Meijering, *Klassieke gestalten van christelijk geloven en denken: Van Irenaeus tot Barth* (Amsterdam: Gieben, 1995), 258.

되었습니다. 게다가 그의 학문적 역량은, 깜폰 신학교 교수직 임명에 앞서 아브라함 카이퍼(Abraham Kuyper, 1837-1920)가 1880년에 설립한 암스테르담의 자유대학교(Vrije Universiteit)의 교수직 제안을 두 번씩이나 받았을 정도로 크게 인정받았습니다.[52] 바빙크의 출중한 능력은 무엇보다도 19세기 당시 현대신학의 아성(牙城) 레이든(Leiden) 대학에서 비평학을 통한 학문적 방법론을 터득한 데 있습니다.[53] 앞서 살펴본 바빙크의 깜폰 신학교 교수직 취임연설[54]은 기독교 학문으로서의 신학에 대한 바빙크의 개혁주의적 이해를 선명하고 뚜렷하게 보여줍니다. 거룩한 주님의 교회에 봉

---

52) 바빙크는 자신이 속한 교단의 교회와 신학교에 대한 윤리적 책임감에서 자유대학교 교수직 제안을 정중히 사양했으나, 결국 1902년 아른헴(Arnhem) 총회의 결정으로 깜폰 신학교와 자유대학교의 통합을 위한 노력이 최종적으로 무산되자 동료 교수 비스터펠트(P. Biesterveld, 1863-1908)와 함께 자유대학교로 가기로 결정하였다. H. Bavinck, 'Godsdienst en godgeleerdheid', 자유대학교 교수취임특강, (Wageningen: Vada, 1902), 62-63. 그는 암스테르담으로 가기 전 총 4번의 교수직 제안을 받았다. 1880년(고대 근동 언어학 교수), 1882년(신약 교수), 1889년과 1893년(구약 교수).

53) 도스커는 "이 모든 위대한 학자와 지도자[James Orr, A. Kuyper, B. B. Warfield] 가운데, 바빙크의 학식이 아마도 가장 박식하고 기술적으로 가장 완벽했을 것이다"(Of all these great scholars and leaders, Bavinck's scholarship was perhaps the broadest and technically the most perfect)고 지적한다. 또한 그는 "하나님의 지혜로운 계획 가운데 바로 이런 환경과 훈련[레이든 대학에서의 학문적 훈련]을 통해" 바빙크는 그의 평생 작업을 수행하는데 적합하게 되었다고 지적한다. 더 나아가 도스커는 "그[바빙크]의 참된 생애는 연구의 삶이었으며, 그의 책은 그의 가장 좋은 친구들이었다"고 지적한다. Henry E. Dosker, 'Herman Bavinck', in The Princeton Theological Review, Vol. 20 No. 3 (1922), 448, 451, 460.

54) H. Bavinck, De wetenschap der Heilige Godgeleerdheid (Kampen: G. Ph. Zalsman, 1883).

사하기 위해 수련하는 모든 목회자와 신학생은 신학이 무엇인지 올바른 안내를 받을 필요가 있습니다. 헤르만 바빙크는 신학 훈련을 위한 훌륭한 길잡이와 안내자입니다.

(1) 취임 연설의 의의

1883년 1월 10일, 바빙크는 자신의 교수직 취임연설 주제로 '거룩한 신학의 학문'(De wetenschap der Heilige Godge-leerdheid)을 채택했는데, 이는 카이퍼와 미리 의논할 정도로 매우 신중하고 의도적인 선택이었습니다. 물론 처음부터 풀기 힘든 백과사전적 문제들에 직면하는 일은 누구든 피하고 싶을 것입니다. 하지만 바빙크는 이를 정면 돌파하기로 마음먹고, 결국 자신의 취임연설에서 온갖 근본적 질문들에 대한 자신의 견해를 밝혔습니다.[55]

바빙크의 취임연설이 갖는 의의는 크게 두 가지로 정리할 수 있습니다.

첫째, 이것은 바빙크 자신이 신학교 교수 사역을 시작하는 자

---

55)   R. H. Bremmer, *Herman Bavinck en zijn tijdgenoten* (Kampen: J. H. Kok, 1966), 46.

리에서 전달할 매우 적합한 주제였습니다. 왜냐하면 기독교 학문으로서의 신학은 교의학 교수인 자신이 확고하게 견지해야 할 뿐만 아니라 앞으로 자신이 가르칠 학생들과 더불어 힘써 추구해야 할 신학의 본질을 다루는 것이었기 때문입니다. 다시 말하면, 바빙크는 신학의 독특한 성격에 따른 신학의 원리와 내용, 그리고 목적을 공개적으로 밝힌 겁니다. 이 취임연설에는 그가 12년 후 출판될 자신의 『개혁교의학』 제1권 후반부인 교의학 원리론의 기초가 뚜렷하게 드러납니다.[56] 카이퍼는 1월 24일자 '헤라우트'(De Haraut)에 바빙크의 취임연설에 대한 찬사를 공적으로 게재했습니다.

그것이 바로 실제적이고 학문적인 개혁신학이다. 거기서 충분히 고려되었고, 거기서 중요한 원리들이 다시금 바르게 정립되었으며, 거기서 탁월한 발전에 이르는 길이 열렸다.[57]

---

56) Herman Bavinck, *Gereformeerde dogmatiek*⁴, 박태현 옮김, 4권, 『개혁교의학』 (서울: 부흥과 개혁사, 2011), 1: 293-806. 유태화, '헤르만 바빙크의 인식론 연구: 인식론의 구조와 인간 정신의 기능을 중심으로', 「한국개혁신학」 44 (2014), 202-233.

57) Bremmer, *Herman Bavinck en zijn tijdgenoten*, 46-47. 물론 카이퍼는 이 취임연설에 대해 칭찬만 한 것이 아니라 바빙크가 슐라이어마허를 너무 높이 평가했다고 비평했다. 그러나 연설문에도 나오듯이 바빙크는 슐라이어마허의 장점은 그대로 인정하되 그의 약점은 가차 없이 비평하고 있음을 잊지 말아야 한다. 게다가 1879년 4월 4일 바빙크는 자신의 석사(doctorandus) 학위 논문, '성경 강해에 관한 슐라이어마허의 영향에 대한 간략한 설명'(Beknopte aanwijzing van den invloed van Schleiermacher op de uitlegging der

둘째, 바빙크의 취임연설 주제는 19세기 말 당시 네덜란드의 정치적, 신학적 기류에 대한 명백한 개혁주의적 응답이자 선언이었습니다. 개혁교회와 개혁신학에 대한 내외부적 도전에 대한 응전이었습니다. 바빙크는 자신이 살고 있는 시대를 지배하는 '시대정신'(zeitgeist)과 자신이 속한 교회의 삶과 신학에 대해 무관심으로 방관한 것이 아니라 오히려 자신이 살아가는 시대 속에서 진리를 추구함으로써 하나님의 영광을 추구하는 경건한 신자요 학자였습니다. 그는 '하나님 앞에서'(coram deo) 두렵고 떨림으로 부르심에 충성한 그리스도의 일꾼이었습니다. 그러므로 그는 교회 외부의 정치적 도전과 교회 내부의 신학적 오류에 침묵할 수 없었습니다.

먼저, 교회 외부의 정치적 환경을 예로 들자면 1876년 제정된 네덜란드 고등교육법이 있습니다. 이 법은 '이원적 체제'(*duplex ordo*)를 전제로, 학문으로서의 '순수' 종교학(역사와 종교철학)은 국가에 의해 운영되는 국립대학교에 속하며, 교회의 전통을 따라 목회자를 양성하는 신앙의 교리(교의학과 실천신학)는 신학교에 속한

Heilige Schrift)으로 '우등'(cum laude)의 성적을 받아 학위를 취득하였기에 당시 막강한 영향력을 발휘하던 슐라이어마허의 신학에 대해 이미 충분히 섭렵하고 있음을 알 수 있다. Bremmer, *Herman Bavinck en zijn tijdgenoten*, 28.

다고 이원적으로 분리합니다.[58] 바빙크는 이 법의 시행으로 국립
대학교에서의 신학교육이 '퇴보'하였다고 주장합니다.

> 최근의 고등교육법에 의해 우리 국립대학들에 속한 신학
> 이 경험한 정상적 발전이 아닌 퇴보로서의 변화는 반드시
> 비판되어야 합니다.[59]

왜냐하면 이 고등교육법은 신학의 고유한 원리, 대상, 목적을 전혀
이해하지 못한 채, 당시 만연하던 합리주의적 경향을 따라 신학을
이원적으로 갈라놓았기 때문입니다. 그 결과 국립대학교에서의 신
학은 단순히 종교학이나 인간학으로 전락하고, 신학교에서의 신
학은 학문의 정당성과 권리를 박탈당하고 말았던 것입니다.

다른 한편, 이러한 외부의 정치적 도전 외에도 이미 현대사조
에 물든 교회 내부의 신학자들의 주장에 대해 바빙크는 그 옳고
그름을 명확하게 판단해야 했습니다. 따라서 바빙크의 취임연설
은 그가 존경하는 스승인 라우벤호프(L. W. E. Rauwenhoff, 1828-
1889) 교수의 '신학의 세속화' 주장에 대한 비판으로 시작합니

---

58) W. Verboom, 'Duplex ordo', in George Harinck & Wim Berkelaar, e.a. (red.), *Christelijke Encyclopedie* (Kampen: Kok, 2005), I, 474.

59) H. Bavinck, *De wetenschap der Heilige Godgeleerdheid* (Kampen: G. Ph. Zalsman, 1883), 23.

헤르만 바빙크의 교회를 위한 신학

다.[60] 바빙크는, 신학의 세속화는 "다름 아닌 신학의 사망선고를 의미"하는 것이며, "세속화는 신학의 거룩한 성격과 독립적 성격을 보존해야 할 우리의 소중한 소명을 오히려 상기시킨다"고 주장합니다.[61] 바빙크에 따르면 신학의 세속화 주장은 다름 아닌 "신학에 대한 가장 통렬한 멸시"였습니다.[62]

---

(60) Bavinck, *De wetenschap der Heilige Godgeleerdheid*, 5.

(61) Bavinck, *De wetenschap der Heilige Godgeleerdheid*, 6. "세속화가 아니라 거룩한 것을 거룩하게 성별하는 것이 신학을 보존하는 일입니다." 7.

(62) Bavinck, *De wetenschap der Heilige Godgeleerdheid*, 34.

(2) 취임 연설의 요약

바빙크는 "예수 그리스도를 믿는 자는 세상과 다른 어떤 견해를 갖는 사람이 **아니라** 진실로 새로운, 다른 정체성을 지닌 사람입니다. 그리고 그리스도의 교회는 고유한 생명과 의식(意識), 고유한 언어와 학문을 지닌다"는 확신 하에 신학의 거룩하고 독립적인 성격을 강력하게 주장합니다.[63] 그는 자신이 염두에 둔 신학에 대한 그림을 신학이 인식되는 원리, 신학이 펼치는 내용, 신학이 의도하는 목적, 이렇게 세 가지로 나누어 제시합니다.

1) 거룩한 신학의 원리

바빙크는 '신학'이란 명칭이 특별계시인 신구약 성경에 온 것이 아니라 그리스 저술가들에게서 차용된 것으로서, 말씀의 성육신과 성경의 완성과 더불어 새로운 세대가 시작되어 성령의 인도 하에 세워진 것이라고 지적합니다.[64] 따라서 오직 성경만이 신학의 기초이며 다른 지식의 원천은 없다고 주장합니다.

---

63) Bavinck, *De wetenschap der Heilige Godgeleerdheid*, 7.

64) Bavinck, *De wetenschap der Heilige Godgeleerdheid*, 8-10.

헤르만 바빙크의 교회를 위한 신학

신학이라는 이름을 갖기에 참으로 합당한 모든 참된 신학
은 성령의 인도 하에 성경으로부터 비롯되고, 성경의 기초
위에 세워집니다. 다른 지식의 원천은 존재하지 않습니다.
"원리"로서의 성경, 신학의 유일한 지식의 원천으로서의
성경을 거부하고, 그 옆에 혹은 그 대신 이성이나 감정, 신
앙고백서나 공의회(concilie)에 자리를 내주는 자는 신학을
파괴하고, 우리가 살아가는 세대의 성격을 오해하며, 사실
상 그리스도의 사역을 망가뜨릴 것이며, ...[65]

따라서 성경 안에서 자신을 계시한 하나님이 신학의 '본질적 원
리'(principium essendi)이며, 신학의 씨앗인 '오직 성경만'(sola
scriptura)이 우리들의 '인식의 원리'(principium cognoscendi)라
고 지적합니다.[66] 바빙크에 의하면, 오로지 성경만이 '외적 인식
원리'(principium cognoscendi externum)이며,[67] '교회의 교사'로

---

65) Bavinck, *De wetenschap der Heilige Godgeleerdheid*, 11.

66) Bavinck, *De wetenschap der Heilige Godgeleerdheid*, 12.

67) Bavinck, *De wetenschap der Heilige Godgeleerdheid*, 15. 바빙크의 취임특강에 대한 크리스티
안 스눅 후르흐론녀(Christiaan Snouck Hurgronje)의 몇 가지 질문에 대해, 바빙크는 "신
학이란 하나님에 대한 지식"으로 정의하면서 자신의 특강이 "모든 사람에게, 심지어 가
장 배우지 못한 사람에게조차 가장 단순하고 가장 실제적이며 가장 중요한 질문인 '내가
어떻게 하나님을 알며, 어떻게 영생을 얻는가?'에 대한 대답으로서 오로지 성경만이 유
일하고 충분한 지식의 근원"이라고 대답한다. J. de Bruijn en G. Harinck, red., *Een Leidse
vriendschap* (Baarn: W. Ten Have, 1999), 110. 1883년 2월 8일자 편지.

서 하늘의 신령한 것을 깨닫게 하며 진리 가운데로 인도하는 성령이 '내적'(internum) 인식원리입니다. 이런 맥락에서 바빙크는, 하나님을 아는 지식으로서의 모든 참된 신학은 성령의 인도하심 아래 성경으로부터 발생하고 성경에 근거하기에, 전통과 선행의 공로를 하나님의 자기 계시인 성경과 그리스도의 속죄에 덧붙이는 로마교나 인간의 이성과 합리적 지성을 신지식의 근원으로 삼는 합리주의를 단호하게 거부합니다. 특히 이신론(deisme)이 발전되어 나타난 범신론(pantheisme)과 슐라이어마허(F. D. E. Schleiermacher)가 말한 인간의 절대 의존감정은 결코 신학의 원리가 될 수 없음을 강조합니다.[68] 게다가 바빙크는 성경은 "단지 기준(norma)일뿐만 아니라, 신학의 생사(生死)를 좌우하는 특정한 원리이자 지식의 원천"이라고 주장합니다.[69] 신학 자체는 기독교 학문으로서, 내부로부터 성경을 그 지식의 원천으로 수반하기 때문입니다. 이것을 바빙크는 신학의 기초공리(grondaxioma)라고 부르며, 이 보다 더 깊은 다른 원리는 존재하지 않는다며 철학적 논리로 전개합니다. 바빙크에 의하면, 모든 학문은 입증 없이 수용되는 하나의 공리에서 출발하는데, 피조물인 인간은 단지 피조

---

68) Bavinck, *De wetenschap der Heilige Godgeleerdheid*, 13-14.

69) Bavinck, *De wetenschap der Heilige Godgeleerdheid*, 17.

헤르만 바빙크의 교회를 위한 신학

물의 기반 위에 서서 주어진 것을 숙고할 뿐이기 때문이라는 것입니다.[70] 바빙크 자신의 주장은 다음과 같습니다.

> 신학의 유일하고 충분한 지식의 원천인 성경은 즉각적으로 명백하며, 선험적으로(a priori) 확고히 서 있습니다. 이 진리는 일종의 "본유관념"(idea innata)으로서 영적 생명의 본성 가운데 포함되어 있습니다.[71]

바빙크는 이런 확신 위에서 한 걸음 더 나아가, 신학은 다른 학문과 본질적으로 구별될 뿐만 아니라 다른 학문 위에 고유하고도 탁월한 자리를 갖는다고 말합니다. 왜냐하면 다른 학문들은 만물을 붙드시는 하나님 안에 기초를 두되 "그 본성에 따라"(in suo genere) 전개되는 반면, 신학은 "하나님으로부터 나와 그의 말씀을 통해 우리에게 알려졌"기에 신적 기원을 갖는 거룩한 학문이며 이 세상에 속한 것이 아닌 초자연적 학문이기 때문입니다.[72]

70) Bavinck, *De wetenschap der Heilige Godgeleerdheid*, 18.

71) Bavinck, *De wetenschap der Heilige Godgeleerdheid*, 20.

72) Bavinck, *De wetenschap der Heilige Godgeleerdheid*, 21.

2) 거룩한 신학의 내용

바빙크는 하나님의 자기 계시인 성경을 통해 교회에 주어진 신학은 하나님 자신을 그 내용과 대상으로 한다고 말합니다.[73] 신학은 처음에 신론을 중심으로 출발하여 주경신학, 역사신학, 실천신학 등으로 발전하고 확장되었습니다. 하지만 이 모든 것은 조직신학에서 나온 것들입니다.[74] 이런 맥락에서 바빙크는, 1876년의 고등교육법에 의한 국립대학에서의 신학은 "정상적 발전이 아닌 퇴보"라고 비판합니다.[75] 신학부를 일종의 종교학부로 변경시키려는 의도가 명백하기 때문입니다. 바빙크가 보기에 이런 변화는 신학의 세속화가 완성된 것이며, 신학이 단순히 인류학이 되고만 것이었습니다.[76] 따라서 바빙크는 '성경이 말하는' 그리스도가 아닌 '우리 환상이 지어낸 하나의 이상(ideaal)'으로서 슐라이어마허의 자의식에 기초한 진리는 "전적으로 비개혁주의적이며 신학의 성격과 전적으로 모순된다"고 강하게 비판합니다.[77] 이런

---

73)   Bavinck, *De wetenschap der Heilige Godgeleerdheid*, 21.

74)   Bavinck, *De wetenschap der Heilige Godgeleerdheid*, 22-23.

75)   Bavinck, *De wetenschap der Heilige Godgeleerdheid*, 23.

76)   Bavinck, *De wetenschap der Heilige Godgeleerdheid*, 24-25.

77)   Bavinck, *De wetenschap der Heilige Godgeleerdheid*, 27.

맥락에서 바빙크는 교회와 기독교가 신학의 대상이 아니라 오히려 주체이며, 신학의 내용과 대상은 그리스도 안에 있는 하나님이라고 지적합니다.[78] 신학에서 취급되는 모든 것은 하나님이 유일한 대상이며 하나님과 연관되어 배열됩니다.[79] 따라서 신학이란 하나님의 형상에 대한 모사(ectype) 외에 다른 것이 될 수 없습니다.[80] 바빙크에 따르면 신학은 '학문'일 뿐만 아니라 '학문들의 여왕'(Regina scientiarum)입니다.[81] 모든 학문은 피조물의 특정 영역을 그 연구 대상으로 하는 반면, 신학은 피조물이 아닌 만물을 창조하고 보존하는 주 하나님을 그 대상으로 하기 때문입니다.

바빙크는 신학의 이런 독립적 성격을 강조하면서도 동시에 다른 학문과의 긴밀한 관계를 지적합니다. 이런 관계는 신학이 인간론적 성격을 갖기 때문이 아니라 다른 학문들이 갖는 신학적 성격에서 비롯되기 때문입니다.[82] 이런 맥락에서 신학은 "보편학문"(Universalwissenschaft)이며, 인간중심적인 철학과 달리 신중심

78) Bavinck, *De wetenschap der Heilige Godgeleerdheid*, 28-29.

79) Bavinck, *De wetenschap der Heilige Godgeleerdheid*, 30.

80) Bavinck, *De wetenschap der Heilige Godgeleerdheid*, 31.

81) Bavinck, *De wetenschap der Heilige Godgeleerdheid*, 33-34.

82) Bavinck, *De wetenschap der Heilige Godgeleerdheid*, 34.

적입니다.[83]

3) 거룩한 신학의 목적

바빙크는 신학의 목적과 관련하여 제일 먼저 신학의 영광스런 임무는 하나님께서 계시한 유기적 진리를 이성을 통해 아는 것이라고 진술합니다.[84] 즉, 기독교가 진리임을 우리 이성에 촉구하며, 우리 믿음을 합리적으로 제시하는 것이 신학의 영광스러운 목적입니다. 여기서 바빙크는 성경 자체에서 비롯된 하나님의 진리들의 상호 연관성을 드러내는 진리의 체계를 형성하기 위한 이성의 긍정적 기능을 적극적으로 옹호합니다. "이성 없이는 신학의 학문과 그 진전에 대한 그 어떤 것도 언급될 수 없을 것입니다."[85] 이런 맥락에서 바빙크는 신학에서의 이원론, 신앙과 지식의 분리를 크게 경계합니다.[86]

더 나아가, 바빙크는 신학이 이처럼 이론적인 학문인 동시에

---

83) Bavinck, *De wetenschap der Heilige Godgeleerdheid*, 35.

84) Bavinck, *De wetenschap der Heilige Godgeleerdheid*, 37.

85) Bavinck, *De wetenschap der Heilige Godgeleerdheid*, 38.

86) H. Bavinck, 'Het dualisme in de theologie', *De Vrije Kerk* XIII (1886년 1월), 11-39.

철저하게 실천적인 학문임을 이해하고 있습니다.[87] 개혁신학은
실천적 삶, 특히 윤리적 삶을 지향하기 때문입니다.

> 이것은 참으로 실천적이며, 탁월하게 윤리적이며, 삶을 지
> 향하는 개혁신학의 특징이었습니다. 실천(praxis)은 건강
> 한 이론에 매우 확실하게 기초해야 했고, 이 이론은 반드
> 시 좋은 실천에 이르러야 했습니다. 신학의 이 실천적 성격
> 때문에 신학의 주기는 비로소 실천신학에서 마무리되고
> 함께 연결됩니다. 실천신학은 신학의 면류관입니다.[88]

바빙크는 신학의 이런 실천적 목적이 신학 연구자에게 일차적으
로 요구된다고 주장합니다.

> "거듭나지 않은 자의 신학"이란 존재하지 않으며, 내용 없
> 는 껍데기입니다. 왜냐하면 진실된 믿음 없이 신학을 연구
> 하는 자는 신학을 삶 밖에 있는 이론으로 여기고, 그 진리
> 들을 수학적 형식으로 사용하기 때문입니다.[89]

---

87) Bavinck, *De wetenschap der Heilige Godgeleerdheid*, 41.

88) Bavinck, *De wetenschap der Heilige Godgeleerdheid*, 42.

89) Bavinck, *De wetenschap der Heilige Godgeleerdheid*, 43.

게다가 신학의 실천적 목적은 교회에서도 추구되는데, 신학은 "교회를 가장 거룩한 믿음으로 인도하고 그 믿음 위에 건설"하는 것을 목적으로 삼기 때문입니다.[90] 신학의 이런 실천적 목적은 신학 연구자나 교회에서 멈추지 않습니다. 바빙크에 의하면, 신학의 가장 거룩한 최상의 목적은 "오로지 하나님의 영광뿐이며, 다른 목적은 거기에 종속"되는데, "하나님에게서 나와 그를 대상으로 삼는 신학은 그분 외에 다른 것을 목적으로 삼을 수 없"기 때문입니다.[91] 하나님을 영화롭게 하기 위한 신학의 목적은 "하나님 안에서 안식"하기까지 계속 성장하고 자라가며, "지혜의 영이자 주를 경외하는 영이신 최고의 예술가, 곧 성령의 예술품으로서, 사도들과 선지자들의 토대 위에 지속적으로 건설되어" 가는 것입니다."[92] 이런 역사적 발전의 측면에서, 신학은 본질적으로 보수적인 동시에 진보적이라고 바빙크는 주장합니다. 왜냐하면 "신학은 과거를 존중함으로써 신학 자체가 완성되고 마지막 목적을 달성하기까지 놓인 토대 위에 계속 건설해"가기 때문입니다.[93]

바빙크는 하나님의 영광이라는 신학의 궁극적 목적을 앞서

90) Bavinck, *De wetenschap der Heilige Godgeleerdheid*, 44.

91) Bavinck, *De wetenschap der Heilige Godgeleerdheid*, 45.

92) Bavinck, *De wetenschap der Heilige Godgeleerdheid*, 46.

93) Bavinck, *De wetenschap der Heilige Godgeleerdheid*, 47.

이미 언급하였을지라도 이제는 다른 학문의 원리와 대상, 목적과 비교하여 기독교 학문으로서 신학의 탁월성을 다음과 같이 뚜렷하게 드러냅니다.

신학의 탁월성은 신학이 추구하는 목적에 있어서도 다른 학문을 초월합니다. 다양한 학문의 원리와 대상이 피조물에 놓인 것처럼, 그 학문의 피난처와 목적 역시 피조물에 놓여있습니다. 그것들은 자신의 목적지를 지상에 둡니다. 그것들은 유한자 안에서 움직이고, 시간을 초월하지 못합니다. 하지만 이 모든 각각의 목적들을 훨씬 초월한 신학은 그 궁극적 목적과 피난처를 가장 먼저 하나님 안에서 발견합니다. 그래서 신학은 여기서도 "여왕"(Regina)이며, 그 모든 특정한 목적들을 그분에게로 인도하고 또한 그들의 최종적인 목적을 그분 안에서 발견하도록 합니다. 만물은 그에게서 나와 그에게로 돌아가며, 모두 그분의 영광을 위해 섬겨야 합니다[롬 11:36].[94]

요컨대, 바빙크는 신학이란 원리와 내용, 그리고 목적에 있어서 다른 모든 학문과 구별될 뿐만 아니라, 그 학문들을 초월하여 사고 세계의 영역에서 요한복음 17장 3절에 나오는 대제사장의 위대한

---

94) Bavinck, *De wetenschap der Heilige Godgeleerdheid*, 48.

기도, 즉 "영생은 곧 유일하신 참 하나님과 그의 보내신 자 예수 그리스도를 아는 것이니이다"라는 말씀을 해설하고 전개하는 것이라고 결론짓습니다.[95] 즉, 바빙크에게 신학이란 "하나님의 계시로부터 신지식을 도출하고, 성령의 인도 아래 숙고하고, 하나님의 영광을 위해 묘사하기를 추구하는 것"입니다.[96]

마지막으로 바빙크는 자신의 취임연설과 관련하여 현장에 모인 청중 네 그룹에게 각각 유익한 말을 전하면서 자신의 연설을 마칩니다.[97] 첫째, 기독개혁교회 총회의 회원들에게 바빙크는 교회를 통한 총회의 임명이 교회를 향한 사랑의 유대를 더욱 강화해 주었기에 자신의 부르심과 직무에 충성할 것을 서약합니다. 둘째, 신학교 이사회 회원들에게 바빙크는 "신학의 심장과 핵심으로 여겨진 과목들"을 교육하는 무거운 책임을 인식하고 있으며, 그 신뢰를 저버리지 않겠다고 다짐합니다. 셋째, 학교의 교수들에게 바빙크는 가장 나이 어린 자신을 교수회 가운데 받아줄 뿐만 아니라 그들의 삶의 지혜와 믿음의 능력에 관한 것을 자신에게도 나

---

95) Bavinck, *De wetenschap der Heilige Godgeleerdheid*, 49.

96) H. Bavinck, *Magnalia dei: Onderwijzing in de christelijke religie naar gereformeerde belijdenis* (Kampen: J. H. Kok, 1909), 22. "신학은 하나님에 대한 지식을 성령의 인도하심을 받아 그의 계시로부터 이끌어 왔고 그의 명예를 걸고 기술하여야 할 과학이다." 헤르만 바빙크, 『하나님의 큰 일』, 김영규 역 (서울: CLC, 1984), 23.

97) Bavinck, *De wetenschap der Heilige Godgeleerdheid*, 50-52.

누어주길 겸손히 요청합니다. 동시에 함께 서로를 세워 연합된 힘으로 교회의 신학의 발전을 꾀하자고 촉구합니다. 마지막으로, 학생들에게 바빙크는 신학에 대한 사랑, 교회에 대한 사랑, 무엇보다도 하나님에 대한 사랑을 그들에게 고무하는 자신의 임무를 소개하고, 학생들 역시 힘을 다해 자신들의 임무, "이해를 추구하는 믿음"(Fides quaerit intellectum)을 성취하도록 촉구하면서 그의 취임 연설을 마칩니다.

DE KATHOLICITEIT

VAN

CHRISTENDOM EN KERK.

REDE

BIJ DE OVERDRACHT VAN HET RECTORAAT

AAN DE THEOL. SCHOOL TE KAMPEN,

OP 18 DEC. 1888

DOOR

Dr. H. BAVINCK.

KAMPEN. G. PH. ZALSMAN. 1888.

II

기독교와 교회의 보편성

De katholiciteit van christendom en kerk

헤르만 바빙크의 교회를 위한 신학

1.
기독교와 교회의 보편성 (교장 이임 연설)

우리가 믿어 의심치 않는 신조[사도신경]의 아홉 번째 항목을 따라 우리는 하나의 거룩한 기독교회의 **일반성**(*algemeenheid*) 혹은 **보편성**(*katholiciteit*)을 고백합니다. 이 단어의 기원과 최초의 뜻은 전혀 알려지지 않았습니다. 이것이 처음 발견된 것은 서머나에 보낸 익나티우스(Ignatius)의 편지 8장에서, 그리고 무라토리안 단편에서, 또 서머나 교회가 폴리카르푸스(Polycarpus)의 순교에 대해 필로멜리움(Philomelium)[1] 교회에 보낸 글에서입니다.[2] 당시에도 이미 그것은 통용되는 하나의 의미를 지닌 용어였습니다. 특히 이 단어는 점점 늘어나는 여러 이단들에 대항하여 교회가 자신의

---

1) 역자주: 고대 작가들에 의하면, 필로멜리움(Philomelium)은 프리기아(Phrygia)의 서남쪽에 위치해 있었다.

2) Eusebius, *Historia Ecclesiastica*, IV. 15.

헤르만 바빙크의 교회를 위한 신학

일치성을 주장할 필요성을 느꼈던 2세기 후반에 사용된 것으로 보입니다. 사도신경의 '수용 본문'(textus receptus)은 기껏해야 5세기 말까지만 거슬러 올라갑니다. 로마에서 작성되고 알려지고 읽혀진 신조들 가운데 교회에 대한 구체적인 설명이 나타난 것은 아직 발견되지 않았습니다. 하지만 스페인, 이태리의 아킬레야, 카르타고에서 이루어진 이 신조에 대한 강연들에는 그런 설명이 이미 발견됩니다. 교회에 대한 이런 묘사가 먼저 동방에서 구체화 되었고, 그 뒤에 서방 신조들 가운데서도 나타났다고 하면 전혀 가능성 없는 이야기는 아니겠습니다. 어쨌든, 교회의 보편성은 사도신경에서 모든 기독교회의 고백이 되었습니다.

교부들이 사용했던 이 단어의 주된 의미는 세 가지입니다. 첫째, 교부들은 이 단어를 통해 자신들에게 포함된 흩어진 지역 교회들에 대해 전체이자 통일체로서의 교회를 지칭했습니다. 지역교회는 보편적이라는 이름을 가질 권리가 있습니다. 지역교회도 일반 교회에 소속되고 유지되기 때문입니다. 둘째, 교부들은 이 단어로 교회가 하나(één)이며 예외 없이 모든 시대, 모든 지역, 모든 민족 가운데 모든 신자를 포함한다는 것을 묘사했습니다. 그러므로 특히 이스라엘이라는 국가 교회와는 대조적으로 보편적입니다. 셋째, 교회는 완전한 전통, 그 어떤 결핍도 없이 모든 사람이 반드시 알아야 할 가시적인 것과 비가시적인 것에 대한 교의들(dogmata)을 소유하고, 영혼과 육체 둘 다의 모든 죄를 치료하며,

모든 미덕과 선행을 초래하며, 모든 신령한 은사들에 참여하기 때문에 종종 보편적이라고 일컬어집니다.[3]

따라서 모든 그리스도인이 고백하는 이러한 교회의 보편성은 기독 종교의 보편성을 전제합니다. 교회의 보편성은 기독교가 나라와 민족, 지역과 시대와 상관없이 모든 민족을 포함하고 모든 사람을 통치하고 모든 피조물을 거룩하게 할 수 있는 세계 종교라는 사상 위에 세워졌습니다. 최근 몇 년 동안 민족 종교와 세계 종교에 대하여 많은 언급이 있었습니다. 그러나 모든 종교를 이 두 가지 종류로 나눈다는 것은 불가능합니다. 사실상 그 어떤 종교도 세계 종교의 명칭을 지닐 수 없습니다. 또한 오늘의 시대에 단 하나의 종교가 다른 모든 종교를 제압할 가능성은 희박합니다. 원칙적으로, 일의 성격상, 참으로 그리고 완전히 전반적으로 모든 사람과 모든 것에 침투하여 거룩하게 할 수 있는 단 하나의 종교만이 그럴 수 있습니다. 기독교가 아닌 그 어떤 다른 종교를 이런 것에 적합하다고 여길 수 있을까요? 기독교의 이러한 우주

---

3) Cyrillus, κατήχησις 18. 역자주: 키릴루스가 예루살렘에서 세례 전 그리고 세례 후에 교리문답을 받는 사람들에게 행한 23개의 유명한 강의로서, 처음 18개의 강의는 일반적으로 '교리문답 강의'(Catechetical Lectures)로 알려져 있고, 나머지 5개의 강의는 종종 '신비적 교리문답'(μυσταγωγικαί)으로서 세례, 입교, 그리고 성찬의 신비들을 다룬다. 이 강의들은 기독교 신앙과 행위의 주요한 주제들을 포함하는데, 목회적 사랑과 돌봄의 정신으로 대중적 방식으로 취급된다. 각각의 강의는 성경 구절에 기초하여 전개되고 강의 전체를 통해 풍부한 성경 인용이 눈에 띈다.

헤르만 바빙크의 교회를 위한 신학

성(universalisme)을 어떻게 이해하느냐에 따라 사람들은 더 넓거나 더 좁은 교회관을 갖게 됩니다. 우리가 어떻게 은혜를 자연에, 재창조를 창조에 관련시키느냐에 따라 교회의 영역에서 우리 마음의 여유로움 혹은 우리 정서의 인색함이 결정됩니다. 오류와 분열이 많은 우리 시대에 교회의 보편성과 기독교의 우주성을 유지하는 것은 매우 큰 의미를 지닙니다.

그러므로 저는 교장직 인계의 기회를 맞아 **기독교와 교회의 보편성**(*Katholiciteit van Christendom en Kerk*)에 여러분이 주목하시기를 제안합니다. 크게 개관하자면, 이 주제에 관하여 성경이 무엇을 가르치는지, 교회사를 통해 교회는 이 주제를 어떻게 이해하였는지, 그리고 이 주제가 오늘날 우리에게 어떤 의무를 부과하는지 살펴보고자 합니다.

(1) 성경의 가르침

아시다시피 모세오경은 먼저 장엄하게 온 세상의 창조로 시작하여 온 인류를 포괄하는데, 종국에는 단 하나의 작고 보잘것없는 민족의 성소와 제사장직에 관한 온갖 자질구레한 규정들로 끝맺습니다. 이 장엄한 시작과 제한된 마침 사이에 부인할 수 없는 불균형이 보이실 것입니다. 넓고 광활한 기초 위에 이스라엘의 율법이 주어집니다. 거창한 서론은 우리에게 전혀 다른 것을 기대하게 만듭니다. 하나님께서 엿새 동안 하늘과 땅을 창조하시고 일곱째 날을 거룩하게 하시며 사람들을 축복하십니다. 그는 나중에 홍수로부터 구원받은 노아와 그 식구들에게 이 축복을 반복하십니다. 심지어 그는 자연 전체와 언약을 맺기까지 하십니다. 하지만 그 뒤로 하나님께서 축복을 내리시는 범위는 점점 더 좁아집니다. 셈, 아브람, 이삭, 야곱, 그리고 그가 마지막 유산으로 선택한 가난하고 멸시받는 한 민족으로 말입니다. 그리고 다른 모든 민족은 저들의 길로 가도록 놔두셨습니다[행 14:16]. 하지만 이스라엘의 선택이 놓였던 넓다란 기초는 이러한 이스라엘의 선택이 마지막 목표일 리는 없을 거란 추측을 하게 합니다. 하나님의 계시가 이스라엘에 초점을 맞춰 집중되지만, 모든 민족들 가운데 드러나고 선포됩니다.

이스라엘에서 계시는 이미 모든 사람과 모든 것을 지배했습니다. 종교와 다른 삶의 영역들 간에 분리는 아예 불가능했습니다. 이원론(dualisme)[4]은 이곳 신정 통치의 통일성 앞에서 사라집니다. 여호와의 율법은 모든 것을 규정하고 심지어 세밀한 항목들까지 규제합니다. 단지 제사장들만 아니라 왕들까지도, 단지 종교적

---

4) 역자주: 이원론은 대상을 고찰함에 있어서 서로 대립되는 두 개의 원리나 원인으로써 사물을 설명하려는 태도 혹은 그런 사고방식이다. 즉, 정신과 물질의 두 실재를 우주의 근본 원리로 삼거나 선과 악, 영혼과 몸 따위의 대립되는 원리로써 사물을 설명하려는 입장을 말한다.

헤르만 바빙크의 교회를 위한 신학

이고 도덕적인 것만 아니라 시민 생활과 사회, 그리고 국가 생활까지도 단일한 하나님의 법에 따라 지배됩니다. 내적인 보편성, 인간의 모든 삶을 포괄하는 하나의 종교가 존재합니다. 이런 식으로 이미 이스라엘의 신정 통치는 장차 도래할, 그리고 모든 진선미(眞善美)를 품게 될 하나님 나라의 형태(type)였습니다. 예언은 이스라엘의 종교가 단지 그 나라에만 한정되지 않을 것이란 비밀을 우리에게 밝혀줍니다. 보편주의는 지금껏 자신을 둘러싼 배타성의 껍질을 깨뜨릴 것입니다. 종교와 민족, 은혜언약과 국민성, 교회와 국가, 신자와 시민은 여전히 함께 존재합니다. 따라서 나라와 민족을 떠나는 것은 가능할지라도 교회로부터의 분리는 불가능합니다. 모든 민족들은 장차 아브라함의 씨 안에서 복을 받을 것입니다[창 12:3]. 율법, 역사, 그리고 예언은 각기 자신의 방식으로 그 영광스런 미래를 가리킵니다. 주의 종을 통하여 이스라엘의 빛은 또한 이방인에게도 비출 것이며, 그의 구원이 땅끝까지 이르는 날이 올 것입니다.

이 예언은 때가 차면 성취될 것입니다. 이스라엘이 서 있는 기초가 넓은 것처럼, 마찬가지로 교회가 세워진 토대는 넓습니다. 하나님이 **세상**, 코스모스를 사랑하사 그 세상을 만든 자신의 아들을 보내셨습니다[요 3:16]. 세상은 신약성경에서 종종 매우 좋지 않은 의미로 쓰입니다. 이 단어는 모든 피조물의 유기적 체계를 가리킵니다. 이 세상은 죄로 인해 도구가 되어 예수가 수립한 하늘나라와 대립하는 모습입니다. 그래서 이 세상은 악한 자 안에 처해 있으며[요일 5:19], 마귀를 그 임금으로 삼으며[요 14:30, 16:11], 이 세상의 신(神)은 마귀입니다[고후 4:4]. 세상은 하나님을 알지 못하고 따라서 하나님의 자녀들도 알지 못합니다[요 17:25, 요일 3:1]. 세상은 예수를 미워했던 것처럼 그들을 미워합니다[요 15:18, 19, 17:14]. 따라서 세상과 그 모든 욕망은 반드시 저지되어야 하고 신앙 안에서 극복되어야 합니다[요일 2:15-17, 5:4]. 예수와 그 뒤의 사도들 역시 소위 가난한 자와 천한 자들, 세리와 죄인들에게 주목했음은 사실입니다. 그들의 지속적인 책망 속에는 경각심이 담겨 있습니다. 그리스도인들에게 당면한 부(富)와 재물의 소유, 이생의 염려 그리고 안목의 정욕에 대한 경각심 말입니다. 기독교는 십자가 고난의 종교입니다. 고난의 신비가 기독교의 핵심입니다. 거기에는 세상의 아름다움을 즐기는 헬라인들의 쾌락이 있을 자리가 없습니다. 세상에 대한 이런 관점만 보더라도 기독교적 세계관과 고전적 세계관 사이에 커다란 간격이 느껴집니다.

하지만 또 다른 측면도 존재합니다. 십자가는 온 세상에 그림자를 드리우지만, 부활의 빛은 온 세상을 비춥니다. 하늘나라는 진실로 사람이 발견하여 자기의 모든 것을 팔아 산 밭에 숨겨진 보화이며 매우 값진 보석이지만, 다른 한편으로는 가지에 공중의 새들이 깃드는 나무가 되는 겨자씨와도 같고, 여자가 가루 서 말에 넣어 부풀게 한 누룩과도 같습니다[마 13:31-33, 44-46]. 세상

헤르만 바빙크의 교회를 위한 신학

은 죄로 인해 매우 부패하였으나, 바로 이 죄악된 세상이 하나님의 사랑하시는 대상이 되었습니다. 하나님은 그리스도 안에서 세상과 화해하였고 죄를 세상에 돌리지 않았습니다[고후 5:19]. 예수가 이 땅에 온 것은 세상을 심판하기 위함이 아니요 구원하기 위함이었습니다[요 3:16, 17, 12:47]. 예수는 빛이요[요 1:9], 생명이요[요 6:33], 세상의 구주이시며[요일 4:14],[5] 우리 죄만 위할 뿐 아니라 온 세상을 위한 화목제물이십니다[요일 2:2]. 그리스도 안에서 하늘에 있는 것이나 땅에 있는 모든 만물이 하나님과 화목하게 되었고[골 1:20] 그리스도 안에서 통일되었습니다[엡 1:10]. 아들에 의해 창조된 세상[요 1:3]은 또한 세상의 상속자로서의 아들을 위한 것입니다[골 1:16, 히 1:2]. 세상 나라들은 우리 주와 그리스도의 나라가 될 것입니다[계 11:15]. 의(義)가 있는 새 하늘과 새 땅이 올 것입니다[벧후 3:13].

기독교의 절대적 우주성을 이런 말보다 더 강력하고 아름답게 선포할 수는 없습니다. 기독교는 하나님께서 자신의 기쁘신 뜻에 따라 수립하신 것 외에 다른 경계를 알지 못합니다. 인종, 나이, 신분, 계급, 국적, 언어의 경계가 없습니다. 죄는 많은 것, 사실상 모

---

5)   역자주: 원문의 성경구절 표기에 오타가 발견된다. 빛(요 1:12 → 요 1:9), 세상의 구주(요 4:14 → 요일 4:14).

든 것을 부패시켰습니다. 인류에게 부과된 죄책은 태산처럼 높고, 죄책에 항상 수반하는 오염은 사람과 인류와 세상의 모든 부분에 깊이 스며들었습니다. 그럼에도 불구하고, 죄는 모든 것을 다 지배하고 부패시키지 못합니다. 그리스도 안에 있는 하나님의 은혜는 훨씬 더 넘치는 것이었습니다[롬 5:15-20]. 하나님의 은혜는 모든 것을 회복시킬 수 있고, 그리스도의 피는 모든 죄를 씻습니다. 그러므로 그 누구에 대해서도 그 어떤 것에 대해서도 절망할 필요가 없으며, 절망해서도 안 됩니다.

복음은 단지 몇 사람만이 아니라 인류를 위한, 가정과 사회와 국가를 위한, 예술과 학문을 위한, 온 세상을 위한, 탄식하는 피조물 전체를 위한 기쁜 소식입니다.

이 복음이 지닌 그 모든 부요함과 자유함을 설교하기 위하여 교회는 유대교와 구별되어야 했습니다. 복음은 하나님의 백성을 흥왕케 하므로, 한 나라와 국가의 경계 안에 더 이상 머물 수 없었습니다. 그리스도의 죽음 안에서 제사장과 희생제사, 율법과 그림자, 이스라엘의 모든 예표와 예언들, 심지어 이스라엘 그 자체도 다 성취되었습니다. 골고다의 십자가는 모든 것을 화해시켰습니다. 하나님과 인간, 하늘과 땅, 유대인과 이방인, 야만인과 스구디아인, 남자와 여자, 종과 자유인이 서로에게 화해의 손을 내밀도록 했습니다. 오순절 날에 신약의 교회는 고유한 독립 공동체로서 태어났는데, 이는 성전과 제단, 제사장과 희생제사, 심지어 예수 자신의 가시적 현시와 육체적 현현으로부터도 독립됩니다. 지금까지 제자들은 예수 안에서 하나됨을 보았으나 이제부터는 더 이상 예수를 육체로 알지 않습니다. 그의 떠나가심이 그들에게 유익이었습니다[요 16:7]. 육체로 그들을 떠난 예수는 사실상 자신의 신성(神性)과 위엄과 은혜와 영(靈)을 통해 그들에게 훨씬 더 가까이 오시어, 그들 가운데 거주하며 결코 떠나지 않으십니다. 얼마나 작고 사소하게 비치든 간에, 이 교회는 참으로 보편적이며, 장래의 상속자이며, 모든 피조물이 누릴 기쁨의 선포자입니다.

하지만 이 교회의 보편성은 곧 심각한 시험을 받았습니다. 예수의 지상 생애 동안 그의 설교와 제자들의 설교는 이스라엘 집안의 잃어버린 양들에게 국한되었습니다. 유대, 갈릴리 그리고 사마리아의 첫 교회들은 유대인들로 구성되었습니다. 하지만, 곧이어 바울의 첫 번째 선교여행을 통해 설립된 그리스도인 공동체는 이방인들로 구성됩니다. 이것은 교회 내 많은 사람들이 가졌던, 그리고 베드로조차 특별 계시를 통해서야 비로소 자유롭게 되었던 유대의 배타주의와 충돌했습니다. 많은 사람이 이방인들을 유대화시키려 했고, 충돌은 피할 수 없었습니다. 이것은 초기 기독교가 직면한 첫 번째 위태로운 난국이었습니다. 바울은 이러한 투쟁의 심각성을 깊이 인식했습니다. 이것은 교회의 보편성, 그리스도 안에 있는 자유, 십자가의 보편적 가치, 하나님의 은혜의 부요함, 율법의 행함 없는 이신칭의에 관한 문제였습니다. 처음부터 벌써 분리가 있었던가요? 거짓 형제들의 배타주의가 바울의 보편성을 이겼던가요? 바울은 하나님의 계시된 신비로서 그리스도 안에서 이방인이 함께 상속자 되고, 함께 지체가 되며, 함께 약속에 참여한다는 사실을, 다름 아닌 자신의 편지 가운데 자랑합니다[엡 3:6]. 여러분은 예루살렘 회의에서 사도들이 만장일치로 교회의 통일성과 보편성을 보전한 것을 이미 알고 있습니다.

그러므로 교회의 통일성은 정도의 차이는 있지만 처음부터 분명하게 드러난 것입니다. 사도 시대에 기독교가 단 하나의 교회로 드러나지 않았다는 주장이 많았습니다. 만일 그 통일성을 후대의 교회에 등장하듯이 잘 묘사되고 질서정연한 연계성을 지닌 것으로만 본다면, 그런 증거가 발견되지 않기는 했습니다. 하지만 그럼에도 불구하고 다양한 교회들 사이에 어떤 연관은 처음부터 존재했습니다. 사도들 안에서 모든 교회는 하나였고 교회들도 그렇게 인식했습니다. 사도들은 단지 예루살렘 지역 교회의 당회만 구성했던 것이 아니라 동시에 모든 교회의 감독이었습니다. 예수는 그들을 다름 아닌 자기 교회의 설립자로 부르시고 임명하셨습니다. 행정적 연관성은 존재하지 않을 수 있겠으나, 모든 교회를 위한 살아있고 인격적인 연관성은 사도직 그 자체에 있었습니다. 따라서 사마리아에서 하나님의 말씀이 선포되어 신자들이 생기자[행 8:14下], 사도들은 그곳 신자들이 성령을 받도록 기도하고 그들에게 안수하도록 베드로와 요한을 거기로 파송했습니다. 사도

헤르만 바빙크의 교회를 위한 신학

행전 9장 32절에 언급된 베드로의 소위 '교회 방문' 여행은 사도들의 그런 다스림을 충분히 증명합니다. 그래서 유대, 갈릴리, 그리고 사마리아의 모든 교회는 상호간에 긴밀하게 연관되었음을 느꼈기에 -제가 생각할 때 최소한 사도행전 9장 31절의 티센도르프(Tischendorf) 독법이 올바르다면- 그 교회들은 교회(ἡ ἐκκλησία)라는 명칭의 단수로 지칭되었습니다.

나중에 바울이 선교 여행을 통해 설립한 교회들도 사정은 다르지 않습니다. 팔레스타인 교회들이 사도들 안에서 상호 연관을 가졌던 것처럼, 이방인 교회들은 바울 안에서 그 통일성을 지닙니다. 바울과 그들 사이에는 내적이고 친밀한 연관이 있었습니다. 그는 교회의 설립자였고, 지속적으로 교회를 돌보았습니다. 그는 개인적으로도 자주 방문했습니다. 그는 교회와 서신을 주고받았습니다. 그는 다양한 교회의 소식을 서로에게 전달했습니다. 그가 한 교회에서 사역하는 동안 다른 교회가 그의 사역을 도왔습니다. 그래서 다양한 교회들은 지역적으로 혹은 국가적으로 유대, 아시아, 갈라디아, 마케도니야, 아가야의 교회들로 요약되었습니다.

더욱이 유대인의 교회들과 이방인의 교회들 상호 간에도 관계와 교제가 없지 않았습니다. 이방인 교회들은 예루살렘 성도들 가운데 가난한 자들을 위하여 헌금했고, 이로써 처음으로 과거의 분리된 담장 너머로 이스라엘에 손을 내밀었습니다[행 11:29, 롬 15:25-28, 고전 16:1-5]. 이런 사랑의 선물은 이방인들이 참여케

된 이스라엘의 영적 유익에 대한 감사의 표시였습니다. 그것은 친교의 행위였으며, 팔레스타인 그리스도인들은 이에 대해 하나님께 많은 감사와 기도, 그리고 큰 애정으로 응답했습니다[고후 9:12-14]. 실제로 그와 같이 다양한 교회들 사이에 존재했던 영적 친교는 훗날 많은 노회와 대회의 관계보다 더 친밀했습니다. 이 친교는 교회의 통일성과 보편성을 가장 멋진 교회의 규례보다도 더 아름답고 영광스럽게 보여주었습니다.

초기 교회들 사이에 이런 영적 관계가 없었다고 어찌 말할 수 있을까요? 교회의 통일성과 보편성은 신약 전체를 통해 끊임없이 반복되는 사상입니다. 그것은 하나님의 통일성, 하나님과 인간 사이의 중보자의 통일성, 성령의 통일성, 진리의 통일성, 언약의 통일성, 구원의 통일성으로부터 직접 흘러나옵니다. 그것은 예수와 사도들을 통해, 포도나무 가지와 양떼, 몸과 왕국, 신부와 여자, 성전과 집의 이미지로, 우리 눈앞에 그려졌습니다. 예수는 이 하나됨을 위해 기도했고, 그의 기도는 응답되었으며 지금도 여전히 지속적으로 응답되고 있습니다. 사도 시대에 이런 하나됨이 충분히 드러나지 않았다 하더라도, 그 자체는 존재했고, 지금도 존재하는 중이며, 또한 정한 때가 되면 가시적으로 드러날 것입니다. 1세기 교회들은 기원, 문화, 국적, 거주지에 있어서 달랐습니다. 그들 사이에 오랜 세월의 과거, 전혀 다른 역사, 차별적 문화, 분리의 담장, 뿌리 깊은 적대감이 있었습니다. 하지만 예수는 평화를 이

헤르만 바빙크의 교회를 위한 신학

루어, 자신 안에서 이 둘을 하나의 새로운 인류로 만드셨습니다 [엡 2:14]. 이제 그들은 아버지의 사랑으로 말미암아 하나이며, 또한 자신들이 처음으로 하나라는 것을 깨닫고 느낍니다.

그들은 만유의 머리와 주(主)이신 아들의 은혜를 통해, 모든 사람에게 부어진 동일한 성령의 교제 안에서 하나입니다. 그들은 세례와 믿음과 소망 안에서 하나이며, 동일한 몸의 지체로서 하나이며, 서로를 위해 예정되고 성도의 완전함을 위해 일하는 온갖 영적 은사를 지닌 한 몸입니다. 그들은 모든 민족, 모든 지역, 모든 시대를 포함하여 하나입니다.

교회의 이러한 보편성은, 성경이 우리에게 묘사하고 초기 교회들이 보여주었듯이, 감격스런 아름다움입니다. 작은 예배당이나 편협한 집회의 무리에 스스로 갇히는 자는, 교회의 보편성을 알지도 못하고, 사는 동안 그것이 지닌 힘과 위로를 결코 경험하지 못한 자입니다. 그런 사람은 아버지의 사랑, 아들의 은혜, 성령의 교제에 주의를 기울이지 않습니다. 그는 그 어떤 묵상이나 헌신을 통해서도 대신할 수 없는 영적 보화를 상실한 것이며, 자기 영혼을 가난하게 만듭니다. 하지만 모든 민족과 나라와 시대에 걸쳐 아들의 피로 값 주고 산 셀 수 없는 무리를 기대하는 자라면, 믿음의 강력한 강화가 무엇이며 고난 가운데 놀라운 위로가 무엇인지 경험한 자라면, 자기 자신이 태초부터 영원까지 모든 족속으로부터 모여든 전투하는 교회와 하나인 것을 아는 자라면, 편협한 마음과 생각을 그대로 방치할 수 없을 것입니다.

따라서 사도들이 교회의 이런 통일성과 보편성을 전면에 내세우고 모든 분리에 대하여 매우 심각한 경고를 한 것은 전혀 놀라운 일이 아닙니다. 이미 1세기에 분리에 대한 다양한 위험이 존재했습니다. 유대적 이단과 영지주의적 이단, 율법적 이단과 반율법적 이단들이 등장하여 교회 가운데 들어왔습니다. 세간에 물의를 일으키는 일과 이단의 등장은[마 18:7, 고전 11:19] 어쩔 수 없는 일이었으나, 이것 역시 교회가 자신의 통일성을 깨닫고 진리를 아는 일에 경각심을 갖기 위함이었습니다. 그렇다 할지라도 이단(αἱρέσεις)과 분열(διχοστασίαι)과 분쟁(σχίσματα)은 죄악된 행위와 육체의 열매들이며[갈 5:20], 따라서 성도들이 힘써 피해야 마땅한 것입니다[고전 3:3, 11:18-19, 12:25]. 진실로 성도는 교회 안에 이런 일을 초래하는 자들에 대항할 거룩한 소명이 있습니다. 교리의 통일성과 교회의 통일성을 어지럽히는 자들에게 권징을 시행함은 마땅하며, 오히려 엄숙한 의무이기도 합니다. 교회는 그들로부터 떠나야만 하고, 그들이 떠나가도록 내버려 두어 스스로 숙고하고 회심하도록 해야 합니다. 이렇게 이해할 때 권징은 교회의 보편성과 모순되지 않습니다. 오히려 그 반대입니다. 권징은 결코 '넘어뜨리는 것'(καθαίρεσις)이 아니라 오히려 '세우는 것'(οἰκοδομή)입니다[고후 13:10]. 따라서 결코 누군가를 축출하기 위한 것으로 써먹어서는 안 됩니다.

헤르만 바빙크의 교회를 위한 신학

권징은 그 모든 절차 가운데 교회가 간절히 기도하면서 시행하는 것이며, 목이 곧고 강퍅한 죄인을 예수의 돌봄 아래 되돌리기 위해 주께서 교회에 수여한 마지막 수단입니다. 권징 가운데 교회의 거룩함이 드러나며, 마찬가지로 교회의 보편성도 드러납니다.

(2) 교회사를 통한 이해

신약성경에서 후기 사도적 문서로 넘어가다 보면 영적인 깊이, 단순성 그리고 힘에 있어서 차이가 있음을 보게 됩니다. 복음을 새로운 율법으로 이해하는 일이 곧 생겨났습니다. 세상에 대한 관점을 제시하는 성경이 보여주는 두 줄기는 동일하게 유지되거나 지속되지 못했습니다. 적대적 세상 가운데 있던 힘없고 멸시받는 작은 기독교회는 처음부터 그런 세상과의 대립을 뼛속 깊이 경험해야만 했습니다. 그리스도의 임박한 재림에 대한 믿음과 박해의 열기가 그들을 그렇게 내몰았습니다. 첫 번째 그리스도인들이 지닌 세상에 대한 시각은 일반적으로 매우 어두웠습니다. 변증가들은 이교도 문화를 마귀의 일로 여겼습니다. 많은 사람들은 단지 연극만 아니라 이교도의 학문과 철학과 예술까지도 극렬히 정죄했습니다. 부요, 사치 그리고 세상적 쾌락은 의심스러운 것으로 여겼습니다. 결혼이 정죄까지 되지는 않았지만 독신을 더 높이 평가했습니다. 금욕적인 경향이 곧바로 등장했습니다. 세상과 죽음에 대한 멸시가 참된 그리스도인의 특징이 되었습니다. 2~3세기에는 이원론과 금욕주의[6]가 만연했습니다.

교회가 점점 더 세속화되었을 때, 특히 콘스탄틴과 그 이후에, 진지한 그리스도인들 사이에서 그런 경향은 강화되었습니다. 교회의 세속화에 맞서 일어났던 몬타누스주의, 노바티안주의, 도나투스주의 등의 분리주의적인 저항 운동은 받아들여지지 못했고 거부되었습니다. 교회는 금욕이나 분리주의의 길로 치우치기를 원하지 않았습니다. 교회는 온 세계의 교회가 되기를 원했고, 그렇게 되었습니다. 하지만 이 일은 동시에 교회가 그 안에 금욕이나 수도원 생활을 정당한 요소로 인정하고 포함한 채로 된 일입니다. 다만 조건이 있었습니다. 이 수도원 생활을 유일한 기독교, 즉 모든 사람에게 적용되는 이상(ideaal)이라고 주장해서는 아니 되었습니다. 즉, 교회는 이처럼 더 낮은 이상(ideaal)으로, 정당성을 확보했습니다.

이런 식으로 처음부터 세상과 교회 사이에 존재했던 질적 대립이 양적 대립으로 바뀌었습니다. 성속(聖俗)에 관한 본래의 대

---

6) 역자주: 금욕주의란 정신에 속하는 것을 선(善)이라고 하며, 육체에 속하는 본능이나 욕구를 악의 근원, 또는 악 그 자체로 보는 견해로서 덕(德)을 쌓기 위해서는 육체의 욕구를 억제할 필요가 있다고 생각한다.

헤르만 바빙크의 교회를 위한 신학

립은 좋은 것과 더 좋은 것, 도덕적 계명과 복음적 조언 사이의 대립으로 변했습니다. 어쩌면 로마교의 세계관이 여기서 가장 잘 이해될 수 있겠습니다. 로마교의 세계관이 오랜 시간에 걸쳐 형성되었지만, 그 기초원리는 이미 2세기와 3세기에 존재했습니다. 이 원리는 로마교 체계가 완전히 발전하고 완성되지 않았던 때에도 이미 추진력을 가졌습니다. 이는 분명한 사실입니다. 로마교의 "세상"은 점점 더 성경이 말한 윤리적 의미를 잃어버렸습니다. 그들에게 있어서 자연적인 것은 죄악됨이 아니라, 다만 그 성격상 초자연적인 것에 도달하지 못한 것이었습니다. 초자연적인 것은 '추가된 선물'(donum superadditum)[7]에 해당했습니다. 일관성 있는 로마교 신학자들은 원죄를 긍정적으로 보지 않고 부정적인 것으로 봅니다. 원죄란 다만 '추가된 선물'을 상실한 상태라고 했습니다. 이에 따르면 기독교 이전, 혹은 기독교 밖에 있는 세상의 상태는 사실상 인간이 그 추가된 선물 없이 애초에 창조된 상태 그대로인 것입니다. 이 자연, 이 세상은 선하고 부패하지 않았다는 것입니다. 그것은 단지 자신의 힘으로 그리고 스스로 결코 도달할 수 없는 어떤 무언가를 상실한 것에 불과합니다. 따라서 우리에

---

[7]   역자주: '추가된 선물'(donum superadditum)이란 인간 본성에 수반되는 자연적 은사들에 하나님께서 값없이 제공하시는 선물을 가리킨다.

게 초자연적인 것의 획득, 즉 '하나님을 보는 것'(visio Dei)이 가능하도록 하기 위해 세상 속에 들어온 기독교 은혜는, 기존의 것을 새롭게 만들거나 재창조하는 것이 아니라 단지 창조를 완전케 하는 것입니다. 그들에게 기독교는 자연적인 것에 초월적으로 다가오되, 침투하고 거룩하게 하는 것이 아닙니다. 이로써 무엇보다도 자신을 보편적이라 일컫는 로마교는 신약성경의 보편적 성격을 바꿔버립니다. 모든 것을 깨끗하게 씻고 거룩하게 하는 기독교의 보편성 원리는 이제 초자연적인 것이 언제나 자연적인 것과 분리된다거나 혹은 자연적인 것 위에 초월적으로 존재한다는 이원론(dualisme)으로 대체되었습니다.

창조와 재창조는 상호 대치되는 두 개의 독립적 실재들입니다. 따라서 이제 남는 것은 다름 아닌 자연적인 것과 초자연적인 것, 하나님과 사람, 신앙과 학문, 교회와 세상, 영혼과 육체, 종교와 도덕, 정적주의(quietisme)[8]와 행동주의 사이의 타협 뿐입니다. 예를 들어 윤리와 도덕에 있어서, 자연이 얼마나 갈 수 있고 얼마나 가도 되는지, 초자연적인 것은 그럼 어디서 시작하는지, 계속

---

8) 역자주: 정적주의란 인간의 경건한 노력, 즉 능동적인 의지와 행위보다는 자기를 온전히 하나님께 맡기는 수동적 행위를 통해 영혼이 완전하게 쉼을 누리는 정적 상태에 이른다는 인생관이다. 정적주의는 세상의 번잡함에서 벗어나는 것을 최고선으로 여겨 신비적 관조를 통해 하나님께 몰입한다.

헤르만 바빙크의 교회를 위한 신학

해서 재고 맞추고 달아보는 밀고 당기기를 하는 것입니다. 로마교 체계는, 그 핵심이 펠라기우스적인데, 하나의 커다란 '보충체계'입니다. 하나님의 형상은 인간을, 은혜는 자연을, 복음적 조언은 도덕적 계명을 보충합니다. 하지만 이 체계는 또한 기독교 범위 내에서 더 진행하는데, 교황은 그리스도를, 미사는 그리스도의 희생을, 전통은 성경을, 인간의 노력은 하나님의 계명을, 사랑은 믿음을, 성인들의 공로는 연약한 자들의 부족을 보충합니다. 그래서 인간이 이 땅의 삶에서 거룩의 계단을 더 많이 올라갈수록 영원한 세상에서 더 높이 올라가는 것입니다. 형벌에 있어서도 '저주의 형벌', '감각의 형벌', 연옥 등 다양한 등급이 있듯이, 마찬가지로 구원에도 단계가 있습니다.[9] 여기 지상에서의 계급은 영원의 세상에 가서도 유지되며, 심지어 천사의 세계에도 계급이 있습니다. 이런 발전의 흐름 속에서, 이제는 자연이 기독교의 전제인 것처럼, 기독교는 로마교의 전제가 되었습니다. 기독교적인 것은 더 이상 내용이 아니고, 단지 로마교 상부구조의 토대가 될 뿐입니다. 그리스도는 교황이 보좌에 올라가는 계단인 셈입니다.

이것을 보면 로마교가 어떻게 모든 문화, 국가와 사회, 학문과 예술 앞에서 자신을 바라보는지를 쉽게 추론할 수 있습니다. 로마

---

9) Thomas Aquinas, *Summa Theologia*, III. qu. 95-96.

교에 의하면, 기독교는 순전한 교회입니다. 모든 것이 거기에 포함됩니다. 교회 밖은 부정한 영역입니다. 따라서 반드시 교회가 만사를 지배하고, 모든 것을 교황의 권세 아래 두려고 합니다. 보니파치우스 8세(Bonifacius VIII)는 교서, "하나의 거룩한 교회"(Unam Sanctam, 1302)에서 그것을 분명히 선언했습니다. "더 나아가, 모든 피조물은 구원을 위해 로마의 주교에게 복종하는 것이 전적으로 필요하다고 우리는 선언하고, 말하고, 정의하고, 공표한다."[10] 또한 그리스도의 대리자인 그에게 하늘과 땅의 모든 권세가 주어졌습니다. 그의 통치권은 법적으로 온 세상에 미칩니다. 자연적인 것은 그 자체로 선한 것이지만, 더 저급한 질서에 속합니다. 로마교의 영향 아래서 사람들은 자연적인 것이란 죄로 인해 부패한 것이라고 생각합니다. 교황들은 일례로 국가가 죄로 말미암아 생겨났다고 자주 선언했습니다. 자연적인 것이란 선하되 더 낮은 질서에 속한다는 로마교의 이 심오한 사상은 점점 더 분명해졌습니다. 국가는 달이고, 교회는 태양입니다. 국가는 인간적 실재이고, 교회는 신적 실재입니다. 이성과 학문은 선하고 부패되지 않았으며, 따라서 많은 것을 성취할 수 있습니다. 중세시대에 아리스토텔레

---

10)   "porro subesse Romano Pontifici omni creaturae declaramus, dicimus, diffinimus te pronun-tiamus omnino esse de necessitate salutis."

스는 성경이 자기 영역에서 지녔던 것만큼 그 영역에서 큰 권위를 지녔습니다. 하지만 성경의 권위가 더 높았습니다. 세속 예술은 선하되, 교회 예술은 더 선한 것입니다. 결혼은 거부될 것이 아니지만, 독신주의만이 기독교적 이상과 온전히 일치합니다. 소유는 허용되지만, 가난이 공로로 인정됩니다. 지상의 직업을 수행하는 것은 죄는 아니지만, 수도사가 명상하는 삶이 훨씬 더 가치가 있습니다.

그러니까 로마교가 유지하는 기독교의 보편성이란 기독교가 온 세상을 소유하고 모든 것을 교회에 복종시키는 것이었습니다. 하지만 이는 기독교 자체가 하나의 누룩으로서 반드시 모든 것을 발효시켜야 한다는 의미에서의 보편성은 아닙니다. 로마교의 기독교는 영원한 이원론에 머물러, 보편적이고 개혁적인 원리가 되지 못합니다. 이 이원론은 하나가 다른 것을 폐지하는 이율배반이 아닙니다. 로마교는 마니교[11]처럼 자연적인 것을 파괴하지는 않지만, 자연적인 것을 억압합니다. 이원론은 결혼, 가정, 소유, 세속 직업, 국가, 학문, 예술을 허용하고, 이 모든 것에 그 고유 영역 안에서 심지어 개신교보다 훨씬 더 넓고 자유로운 여유를 줍니

---

11) 역자주: 마니교란 '지식'(gnosis)을 핵심 주제로 삼는 영지주의적 종교로서, 마니(Mani, AD 216-276)가 창시하여 기독교의 한 분파를 이루었다.

다. 하지만 이원론은 자연적인 것을 격하시키고 억누릅니다. 그것은 모든 것에 멸시의 날인(捺印), 곧 세속적이고 부정한 표를 새깁니다. 로마교가 일으킨 대조는 거룩한 것과 부정한 것이 아니라, 신성한 것과 세속적인 것입니다. 그것은 윤리적인 것을 물질적인 것으로 만들고, 자연적인 것을 불경한 어떤 것으로 여기도록 합니다. 자연적인 것이 불결하기 때문이 아니라 초자연적인 것에 도달할 수 없기 때문입니다. 로마교는 세상을 속되게 만듭니다.

로마교의 이 원리는 일의 성격상 최근보다 중세시대에 훨씬 더 선명하게 드러납니다. 황제와 교황 사이의 투쟁은 이런 경향을 우리 앞에 제시합니다. 하지만 로마교는 변하지 않습니다. 그 어떤 것도 결코 포기하지 않으며, 그 어떤 주장도 양보하지 않습니다. 가톨릭주의가 예수회주의(Jesuïtisme)로 발전한 것은 로마교의 목적을 정말 잘 보여줍니다. 중세시대는 모든 로마교인들이 경탄으로 열망하는 이상(ideaal)으로 머뭅니다. 1879년 8월 4일, 교황의 회칙에 나타난 토마스주의 철학의 복고는 이런 열망을 인증했습니다.

물론 그러한 체계를 지닌 로마교는 엄격한 기관을 필요로 했습니다. 자연적인 것이 그런 초월적 실재로 보존되기 위해서는 반드시 계급적 서열을 지닌 교회로 구현되어야 했습니다. 자연적인 것에 대해 권세를 지닌 것으로서 초자연적인 것은 자신에게 기초하고 사람이나 개인에게서 가능한 한 거의 독립적인 기관

헤르만 바빙크의 교회를 위한 신학

(instituut)을 요구합니다. 교의(dogma)와 교회, 이 둘의 발전은 그 시작부터 함께했습니다. 하나는 다른 하나를 증진시켰습니다. 그래서 기독교 보편성의 퇴보는 교회의 보편성 퇴보와 평행으로 맞물려 있습니다. 신약성경이 보여주는 교회가 어떻게 옛가톨릭주의와 로마교가 보여주는 교회로 발전했는가 하는 것은 많은 면에서 여전히 어둠에 싸여있습니다. 하지만 우리가 아는 사실은 거의 1세기 말로부터 모든 것이 통일과 집중화로 이동되었다는 것입니다.

유대교에 묶인 마지막 매듭의 해결, 그리스도인들이 살았던 고립된 상황, 삶의 각 영역에서 발전할 수 있는 그들의 미약한 능력, 그들을 하나로 녹아내리게 한 불같은 박해, 그들의 믿음을 공격하는 공식적 학문과 철학과의 힘겨운 투쟁, 자신들 영역 속에 등장하고 종종 수용되었던 이단들과 분열들, 유대인과 이방인의 세상 전체와의 피할 수 없는 대립, 초기 그리스도인들 사이에 있던 지배적인 형제사랑과 결속력 – 이 모든 것은 모든 교회를 강화시켜 하나의 보편적 교회로 만들었습니다. 신자들로 구성된 보편 교회의 본질은 그들 위에 서 있는 기관(instituut)으로 옮겨졌고, 지금까지 이 교회의 마지막 최상의 발전은 교황의 '무류성 선언'에서 드러납니다.

교회의 통일성에 대한 의식은 초기에 이해할 수 없을 정도로 깊고 강력했습니다. 오늘날 주관주의의 시대에 그리고 우리의 개신교 입장에서 우리는 더 이상 그것을 이해하거나 상상할 수 없습니다. 하지만 당시에 사람들은 기존 교회로부터의 분리가 그리스도 자신으로부터의 분리라고 확신했습니다. 이 땅에 단 하나의 교회만 존재했던 당시에 사람들은 그것을 믿을 수 있었습니다. 교회가 자신의 어머니가 아니라면, 하나님은 그의 아버지가 될 수 없었습니다. 키프리아누스(Cyprianus)가 노아 홍수 때 방주 밖 구원이 불가능하다고 말했던 것처럼, 교회 밖에 사는 사람은 멸망을 피할 수 없습니다. 따라서 일치된 가르침과 교회의 통일성을 깨뜨리고 가장 독단적인 주관주의의 조류를 따라 표류하는 이단들과 분리자들에 대한 엄격한 징계, 엄중한 심판이 있습니다. '교회 밖에', 즉 기존의 조직교회 밖에 '구원이 없다'는 것은 모든 교부들, 단지 키프리아누스와 히에로니무스(Hieronymus)만 아니라 또한 아우구스티누스의 공통적인 확신이었습니다. 진실로 도나투스주의자들에 대해 교회의 통일성을 아우구스티누스보다 더 강력하게 선언하고 주장한 사람은 없습니다. 활력있고 이상적이며 상상력이 풍부한 그의 인격은 보편적 교회를 열정적으로 사랑했습니다. 아우구스티누스는 보편 교회의 방대한 조직, 감독직의 풍성한 요소들, 전통의 확실성, 예배의 화려함, 풍부한 은혜의 방편들에 경탄했습니다. 로이터(Reuter)의 관찰에 의하면, 물론 교회가 아우구스티누스의 중심사상까지는 아닐지라도, 그의 모든 사상과 삶의 전제였습니다. 비록 그의 '예정론'이 때때로 이러한 통

헤르만 바빙크의 교회를 위한 신학

일성을 깨뜨리는 것처럼 보일지라도, 이 통일성은 분명히 아우구스티누스의 교회론 곁에 함께 있습니다.

이단들과 분리자들은 교회 **밖에서** 뭐든지 가질 수 있습니다.

> 교회 밖에서(도나투스 추종자 Emeritus로 알려진) 그는 구원 외에 모든 것을 할 수 있다. 그는 명예를 가질 수 있고, 성례를 가질 수 있고, 할렐루야를 노래할 수 있고, 아멘으로 응답할 수 있고, 복음을 견지할 수 있고, 아버지와 아들과 성령의 이름으로 믿음을 가질 수 있고 설교할 수 있으나, 보편 교회가 아니고서는 그 어느 곳에서도 구원을 발견할 수 없다.[12]

아우구스티누스는 도나투스적 분리를 다름 아닌 하나님의 약속들을 부정하는 것이요 그리스도의 한 몸인 교회에 대한 사랑을 부정하는 것으로 여깁니다.

로마교는 여전히 이 입장에 서 있습니다. 무슨 일이 일어난다 할지라도, 교회의 통일성이 회복하기 어려운 지경까지 찢어진다

---

12) "extra ecclesiam totum potest (scil. habere Emeritus) praeter salutem; potest habere honorem, potest habere sacramentum; potest cantare halleluja; potest respondere amen; potest evangelium tenere; potest in nomine patris et filii et spiritus sancti fidem et habere et praedicare, sed nusquam nisi in ecclesia catholica salutem potest invenire." Super gestis cum Emerito sermo. *Opera omnia*. Parijs. 1555. VII. folio 135 col. 4.

하더라도, 로마교는 언제나 교회 밖에 구원이 없다는 주장을 견지했습니다. 물론 이 가르침은 공적인 신조들 가운데 이런 동일한 문구로 나타나지 않습니다. 하지만 공의회들과 교황들은 이것을 반복해서 선언했습니다. 제 4차 라테란 공의회(Lateraan concilie, 1215)는 제 1장에서 선언했습니다.

> 신자들의 참된 하나의 보편 교회가 있는데, 거기 밖에서는
> 결코 아무도 구원받지 못한다.[13]

유게니우스 4세(Eugenius IV)의 교서, "주님께 찬송하라"(Can-tate Domino, 1441)가 분명하게 선언하는 바, 이방인들, 유대인들, 이단들 혹은 분리자들 그 누구도 영생을 얻지 못할 것이며, 심지어 그리스도의 이름을 위하여 순교의 죽음을 당했다 할지라도 얻지 못할 것입니다. 로마교를 노아의 방주에 비유하여 방주 밖에는 구원이 없다고 주장하는 것은 반복해서 나타납니다. 이것은 '로마교 교리문답'에서[14] 발견되고, 1854년 12월 9일 교황 피우스 9세(Pius IX)의 담화에서 반복되었습니다.

---

13) "una vero est fidelium universalis ecclesia, extra quam nullus omnino salvatur."

14) *Catechismus Romanus*, I, 10 질문 13과 16.

헤르만 바빙크의 교회를 위한 신학

그럼에도 불구하고 로마교 역시 교회에 막대한 영향을 끼친 교회의 역사에 어느 정도 적응해야만 했습니다. 기독교회의 첫 수 세기 동안에는, 비록 당시에 기독교와 교회를 완전히 동일시하는 것이 매우 위험스러운 일이었다 할지라도, 하나의 교회적 기관 바깥에는 구원이 없다는 사실을 다들 믿었습니다. 하지만 역사는 이런 확신을 점점 어렵게 만들었습니다. 노바티누스, 도나투스 그리고 그리스의 분리에서 수천 명이 로마와의 유대를 끊었습니다. 아리우스파와 단성론자들과 단의론자들은 '범교회적 공의회들'의 교의적 결정을 통해 확정된 이단들로서 구원하는 단일 교회의 교제로부터 배제되었습니다. 16세기의 종교개혁은 하나의 기독교였던 유럽을 둘로 나누었습니다. 그리고 이제 오늘날 4억의 그리스도인 가운데 약 절반만이 로마교를 '교회의 어머니'로서, 그리고 교황을 '그리스도의 대리자'로서 존중합니다. 이쯤 되니 다수의 온건한 로마교인들은 자기 교회의 이런 가르침을 수용하거나 그들의 교제 밖에서 관찰되는 다른 모든 기독교 신앙을 허위와 위선으로 거부하는 일이 참으로 어려워졌습니다. 그래서 많은 교의학자들은 이런 엄격한 가르침을 누그러뜨리려 노력했습니다. 그들은 실질적 이단과 형식적 이단을 구별하고, 허물은 없되 오류를 범한 자들과 의도적으로 교회의 통일성과 교리의 일치를 부인하는 목이 곧은 자들을 구별합니다. 이러한 구별의 근거는 교리문답에서[15] 발견되는데, 여기서는 신앙의 길을 벗어난 각 사람을 곧바로 이단으로 치부하면 안되고, 단지 "교회의 권위를 무시하고, 완고하게 불경한 견해들을 견지하는 자"만이 이단으로 일컬어져야 한다고 규정합니다.[16] 이에 따라 다수의 로마교 신학자들은 어떤 오류를 범한 개신교도들을 보다 부드럽게 심판했고, 피우스 9세 (Pius IX)는 위에서 언급했던 담화에서 '참된 교회 밖에 구원이 없다'는 주장에 다음 진술을 덧붙여 제한했습니다.

> 그러나 그럼에도 불구하고 참된 종교의 무지(無知)에 대해 애쓰는 자는, 만일 그 무지가 극복될 수 없다면, 주님의 목전(目前)에서 이 일에 대해 그 누구도 책망 받지 않는다는 사실은 동일하게 확실한 것으로 견지되어야 한다.[17]

심지어 이 피우스 9세는 이 '무지'의 한계를 정의하려는 시도조차 하지 않았습니다.

그렇다보니 중요한 점은 로마교가 스스로 모순되는 것으로 비

---

15) *Catechismus Romanus*, I. 10 질문 1.

16) "qui ecclesiae auctoritate neglecta, impias opiniones pertinaci animo tuetur."

17) "sed tamen pro certo pariter habendum est, qui verae religionis ignorantia laborant, si ea sit invincibilis, nulla ipsos obstringi hujusce rei culpa ante oculos Domini."

130   헤르만 바빙크의 교회를 위한 신학

친다는 사실입니다. 초기의 교회 교사들과 대회들(Synoden)은 만장일치로 이단에게 세례 주기를 거절했습니다. 키프리아누스는 교회 밖에 그 어떤 구원도, 순교도, 세례도 없다고 초지일관 주장했습니다.[18] 하지만 아우구스티누스는 이런 결론 내리기를 주저했습니다. 그래서 그는 교회와 세례를 분리합니다. 이단들은 교회 밖에, 그리고 구원 밖에 있으나, 그럼에도 불구하고 세례를 포함하여 교회의 많은 유익들을 취할 수 있습니다. 이 세례 역시 진실로 하나의 세례로서 그들이 교회의 품안으로 돌아올 때 비로소 그들에게 구원을 제공합니다. 로마교는 여전히 그렇게 생각합니다. 만일 로마교가 이런 세례에 대한 인정을, 우리가 로마교에 확고히 소속되었다는 자신들의 합법적 주장에 대한 증거로 여기지 않았다면, 이러한 보편성에 대해 우리는 더 크게 감사했을 것입니다. 우리의 세례는 로마교의 양심을 속박하는 근거가 되었습니다. "교회 밖에 구원이 없다"(extra ecclesiam nulla salus)라는 사실이 필연적으로 이단 박해와 징벌로 이어지지는 않습니다. 교회와 국가의 연계성은 즉시 살인죄 같은 범죄만이 아니라 이단과 분리주의까지도 시민적 형벌을 받아 마땅하다는 생각을 가져왔습니다. 기독교적 국가관은 이단을 국가 범죄로 여겼습니다. 또한 당시의 이

---

18) Cyprianus, *De unitate ecclesiae catholicae*, cap. 10 그리고 12.

런 견해는 점차 교부들의 믿음이 되었습니다. 하지만 아우구스티누스의 '억지로 데려오라'는 해설은 그의 의도와는 다른 필연적인 결과들을 초래했습니다.

로마교는 이단 박해와 이단 형벌을 기독교 신조(credo)의 한 조항으로 만들었습니다. 중세시대의 공의회들은 반복적으로 박해하도록 교회에 전권을 주었습니다. 교황들이 이런 박해를 조종했고 종교재판을 시행했습니다. 역사는 "교회는 피를 목말라하지 않는다"(ecclesia non sitit sanguinem)라는 말을 하나의 조롱거리로 삼았습니다. 모든 로마교로부터 존경받는 권위를 지닌 토마스는 이단의 근절을 위해 그들을 단지 교회로부터 추방할 뿐만 아니라 세속 당국자들에게 넘겨야 한다고 명백히 선언합니다.[19] 로마교 교리문답은 이단과 분리자들을 교권 아래 두어 "교회 심판대의 피고가 되어 형벌을 받으며 교회의 저주를 받는 자들"임을 모든 교인이 믿도록 규정합니다.[20] 그리고 교황 피우스 9세는 1851년 8월 22일의 '사도 서신'(Apostolische brief)과 1864년 12월 8일의 회칙에서, 교회법 위반자들을 일시적 형벌로 제어할 권세가 교회에 없다는 주장을 정죄했습니다.

---

19) Thomas Aquinas, *Summa Theologia*, II, 2, qu. 4 art. 3.

20) *Catechismus Romanus*, I, 10 qu. 8: "ut qui ab ea in judicium vocentur, puniantur et anathemate damnentur."

헤르만 바빙크의 교회를 위한 신학

이런 식으로 로마교가 세례의 영역에서 인정한 보편성은 폭리를 취해 되돌아 왔습니다. 로마교는 우리의 세례를 종교재판과 양심 속박의 근거로 갖다 썼습니다. 이 문제에 관하여 만일 누군가가 로마교는 화해될 수 없는 상대라고 생각한다면, 푸치우스 (Voetius) 시대에 그가 했던 말인 "로마와는 그 어떤 평화도 없다"라는 말을 지금도 외칠 수 있겠습니다. 21)

종교개혁은 로마교의 이런 체계와 더불어 거의 모든 점에서 충돌했습니다. 16세기 종교개혁은 일반적으로 그저 교회의 개혁만으로 여겨집니다만, 사실은 그보다 훨씬 큽니다. 그것은 기독교에 있어서 전혀 다른 새로운 견해입니다. 로마교의 인생관과 세계관은 이중적입니다. 그것은 자연적인 것과 초자연적인 것 사이의 양적인 대조입니다. 종교개혁자들은 신약성경으로 되돌아감으로써 이 대조를 참된 의미의 유신론적 세계관으로 그리고 질적인 대조로 대체했습니다. 루터, 츠빙글리, 그리고 칼뱅은 이런 점에서 함께 합니다. 그들 모두는 교회의 억압과 지배로부터 자연적 삶의 모든 영역을 해방시키려 애썼습니다. 이런 점에서 그들은 인문주의자들과 노선이 같습니다. 인문주의자들 역시 교회로부터의 해방을 목표로 삼았으니까요. 하지만 이런 외적인 일치에도 불구하

---

21)   G. Voetius, *Politica Ecclesiastica*, II, 527: "Nulla pax cum Roma."

고, 그들 사이에 커다란 차이가 있습니다. 인문주의자들이 선하고 부패함 없는 자연인의 권리를 위해 나섰다면, 종교개혁자들은 복음으로 인해 죄와 죽음의 법에서 자유케 된 그리스도인의 자유를 위해 싸웠습니다. 기독교를 교회와 동일시하던 로마교를 내던져버린 그들은, 홀츠만(Holtzmann)이 말했듯이 '세상적 기독교'의 설립자라 할 수 있습니다. 종교개혁은 단지 아들과 성령, 교회와 죄 용서에 대한 신조들을 더 잘 깨닫게 하려는 것만이 아닙니다. 종교개혁은 또한 우리의 보편적 기독교 신앙의 첫 번째 항목의 명예를 회복하여, 힘주어 고백했습니다.

나는 전능하사 천지를 지으신 하나님 아버지를 믿습니다.

이 고백을 통해 그들은 자연적인 것의 권리를 재발견하고 회복시켜 '속되다', '부정하다' 했던 로마교의 낙인을 정화했습니다. 비록 자연적인 것이 거룩해지거나 갱신될 수 없더라도, 다만 제어되고 억제될 필요가 있을 뿐, 그것이 가치가 적고 낮은 질서에 속하는 것은 아닙니다. 그 기원은 재창조가 아닌 창조에 속하며, 아들에게서가 아니라 아버지로부터 나온 것입니다. 또한 교회와 마찬가지로 신적 기원을 가지고 있습니다. 종교개혁자들이 기독교에 대해 매우 건강한 견해를 가질 수 있었던 것은 이것을 안 덕분입니다. 그래서 그들은 어떤 특별한 것, 이상한 것, 과장된 것, 부자연

헤르만 바빙크의 교회를 위한 신학

스러운 것을 갖지 않았습니다. 종종 신실한 그리스도인들조차 얼룩지게 했던 불건전함과 편협함을 피할 수 있었습니다. 그들은 평범한, 자연적인 사람들이었으나, 하나님의 사람들이었습니다.

세상에 대한 개신교의 평가는 일반적으로 로마교의 평가보다 훨씬 더 엄숙했습니다. 개신교의 도덕은 훨씬 더 엄격했고, 때때로 청교도적이며 엄정했습니다. 진실로 개신교 신자는 죄가 모든 것을 부패시키고 더럽게 만들었다고 믿습니다. 그는 온 세상이 악한 자 가운데 있고[요일 5:19] 유혹이 가득한 세상이라고 고백합니다. 하지만 동시에 그는 자연적인 것이 그 자체로 속되지 않고, 따라서 정화될 필요는 있으나 멸시하거나 회피할 필요는 없다고 인정합니다. 무엇보다도 그가 로마교보다 더 엄격하게 죄와 투쟁하였기 때문에, 그는 또한 자연적인 것의 가치를 더 잘 인정할 수 있었습니다. 그래서 자연과 은혜의 역학관계는 종교개혁 이후 윤리적 관계로 자리매김 했습니다. 기독교는 자연적인 것을 초월하여 확장되는 양적 실재가 아니라, 내재적으로 자연적인 것에 침투하고 오로지 부정한 것을 내쫓는 종교적-도덕적 능력입니다. 하늘나라는 보석이요 진주이며, 또한 겨자씨이자 누룩이기도 합니다.

종교개혁자들은 여기까지는 모두 일치하여 손을 맞잡고 나아갔습니다. 하지만 이제 차이가 생겨납니다. 루터는 여기에 머물러 섰으나, 츠빙글리, 특히 칼뱅은 더 나아갔습니다. 루터는 다음과 같은 이야기를 자주 합니다.

그리스도는 어떤 것을 외적으로 변화시키기 위해서가 아니라 사람의 마음을 내적으로 변화시키기 위해 오셨다. 복음은 세상의 일과 아무런 상관이 없다. 사업과 무역은 성령을 필요로 하지 않는다. 귀족이 물론 그리스도인이 될 수 있으나, 그가 반드시 그리스도인으로서 통치해야 하는 것은 아니다. 그가 통치자로서 다스릴 때, 그는 그리스도인이 아니라 귀족으로 일컬어진다. 그 사람은 분명 그리스도인이다. 하지만 직분 혹은 귀족됨은 그의 기독교와 상관없다. 요컨대, 그리스도는 각 사람이 그 위치에 머물기를 원하신다. 단 지금까지 마귀를 섬겼던 자는 지금부터 그분을 섬겨야 한다.[22]

루터는, 츠빙글리와 칼뱅과 마찬가지로 세상적인 것을 교회적인 것으로부터 해방시킵니다. 하지만 그는 거기서 더 나아가 영적인 것으로부터 따로 떼어 놓습니다. 외적인 것을 대수롭지 않게 취급하곤 하며, 도덕적 갱신이 아예 안 될 것처럼 말합니다. 루터의 잘

---

22) "Christus ist nicht gekommen, das er äusserlich etwas ändere, sondern dass der Mensch inwendig im Herzen anders werde. Mit weltlichen Sachen hats (das Evangelium) nichts zu thun. Handel en wandel zijn zaken, wozu man des heiligen Geistes nicht bedarf. Ein Fürst kann wohl ein Christ sein, aber als ein Christ muss er nicht regieren, und nach dem er regieret heisst er nicht ein Christ sondern ein Fürst. Die Person ist wohl ein Christ; aber das Amt oder Fürstenthum gehet sein Christenthum nichts an. Summa, Christus will jedermann bleiben lassen; allein wer vorhin dem Teufel gedienet hat, der soll forthin ihm dienen."

못은 그가 복음을 제한하고 하나님의 은혜를 축소시킨 것입니다. 즉 복음은 오직 내적인 것, 생각, 마음만 변화시키고, 다른 모든 것은 마지막 심판날까지 그대로 머문다는 생각입니다. 이원론이 전적으로 극복되지 못했던 겁니다. 루터의 이 이원론은 기독교의 참되고 완전한 보편성에 이르지 못합니다. 재창조는 창조와 나란히 머뭅니다.

츠빙글리 역시 이원론에서 벗어날 수는 없었습니다. 물론 삶과 세상에 대한 그의 관점은 루터의 관점과는 전혀 다릅니다. 복음으로 말미암아 사람이 먼저 새롭게 되고, 삶과 국가와 사회와 세상 전체가 나중에 새롭게 된다는 것이 츠빙글리가 확실히 믿고 추구했던 핵심 이상입니다. 그는 복음을 삶 전체에 대한 개혁과 재창조의 능력으로 만들기 원했던 자신의 개혁 작업에 실천적으로 드러냈습니다. 하지만 그가 이론적으로 이것을 설명하려고 시도했을 때는, 성공하지 못했습니다. 그에게 있어서 육체와 영, "인간적 정의와 신적 정의"(humana et divina justitia)는 이원론적으로 나란히 존재합니다. 이 이원론을 완전히 극복하는 과제는 제네바의 개혁자에게 넘어갔습니다. 저는 칼뱅에게 있어서도 자기 부정과 십자가를 지는 것, 인고(忍苦)와 온건함이라는 부정적 미덕들이 강조된다는 사실을 인정합니다. 마찬가지로 저는 칼뱅이 제네바에서 수행했던 개혁작업과 그가 수행했던 작업 방식에 대해 무조건 찬양하는 사람으로 보이기도 원치 않습니다. 하지만 그럼에도 불구하고 그는 자신의 사역을 통해 종교개혁을 완수했고 개신교를 살린 사람입니다.

칼뱅은 루터보다 더 넓게, 츠빙글리보다 더 깊게 죄의 작용을 추적했습니다. 루터에게 있어서 하나님의 은혜는 칼뱅의 경우보다 더 제한되고, 츠빙글리에게 있어서 하나님의 은혜는 칼뱅의 경우보다 더 빈약합니다. 프랑스인 종교개혁자의 강력한 정신에 있어서 재창조는, 로마교의 경우처럼 창조를 보충하는 하나의 체계가 아니며, 루터의 경우처럼 본래의 창조로 회복시키는 하나의 종교적 개혁이 아니고, 재세례파의 경우처럼 하나의 새로운 창조는 더더욱 아니며, 모든 피조물을 새롭게 하는 하나의 기쁜 소식입니다. 여기서 복음은 자신의 완전한 정당성, 참된 보편성에 도달합니다. 복음화 될 수 없거나, 복음화 되어서 안 될 것이란 없습니다. 교회만이 아니라 집과 학교, 사회와 국가도 기독교 원리의 통치 아래 놓입니다. 강한 의지와 불굴의 엄격함으로 칼뱅은 제네바에서 그러한 통치를 시행했습니다. 말하자면 독일 종교개혁은 종교와 설교직분의 개혁이었고, 스위스 종교개혁은 국가와 사회의 갱신이었습니다. 전자는 배타적으로 종교적 성격을 지녔고, 후자역시 배타적으로 사회 정치적 성격을 지녔습니다. 이는 성경이 루터에게 있어서 오직 구원 진리의 원천인 반면, 칼뱅에게 있어서는 삶 전체의 기준이었다는 사실이 낳은 결과였습니다.

기독 종교의 보편성에 대한 이런 새로운 견해는 또한 그들의

헤르만 바빙크의 교회를 위한 신학

교회 개혁에 영향을 미쳤습니다. 로마교는 구원을 자신의 공동체, 곧 교황에 대한 복종에 연결지었습니다. 하지만 개혁교회는 로마교에 대하여 그리고 개혁 교회들 상호간에 대하여 스스로를 구원의 유일한 기관으로 삼지 않았습니다. 종교개혁은 다른 교회관을 초래했습니다. 로마교의 경우엔 교회가 사람들 위에 존재하는 무오한 기관으로 여겨졌지만, 이제는 다시 신약성경의 의미로 돌아가 그리스도를 믿는 참된 신자들의 회집, 즉 하나님의 백성으로 이해되었습니다. 교회 밖에 구원이 없다는 말도, 모든 형태로부터 분리되어 비가시적인 교회, 즉 그리스도와의 신비적인 연합 차원에서 이해되었습니다. 그러므로 교회의 통일성과 보편성은 이제 고유한 '조직체'를 갖지 못하더라도, 전체 기독교의 숨겨진 토대가 됩니다. 제 2 스위스 신앙고백서 7장이 참으로 아름답게 고백하듯이,[23] 항상 한 분 하나님, 하나님과 사람 사이에 한 중보자, 예수 그리스도, 모든 양떼 가운데 한 목자, 몸 가운데 하나의 머리, 하나의 영, 하나의 구원, 하나의 믿음, 하나의 약속 혹은 언약이 있기에, 필연적으로 단 하나의 교회만 있기 마련입니다. 우리는 그것을 보편 교회라 부릅니다. 왜냐하면 그 교회가 일반적이며, 세상의 모든 지역에 퍼져 있으며, 모든 시대에 걸쳐 있어서 그

---

23)   *Confessio Helvetica posterior* (1562).

어떤 장소나 시간에 매이지 않는 보편성을 지니기 때문입니다.

이런 교회관의 변화는 중요하면서도 상당히 난해한 질문을 낳았습니다. "하나의 교회가 그리스도의 참된 교회로 머물면서 동시에 얼마나 부패할 수 있을까? 진리에 대해 완벽한 성격을 유지하는 동시에 교회의 보편성을 보존하는 것이 가능한 일인가?" 개신교 입장에서 여기에 절대적 대답을 주는 것은 불가능했습니다. 루터파 교회와 개혁파 교회는 자신들이 참되고 순수한 교회라고 주장했음에도 불구하고, 더 넓은 마음으로 관대하게 다른 교회들을 그리스도의 교회로 인정했습니다. 하지만 로마교가 여전히 '그리스도의 교회'로 일컬어질 수 있는지에 대해서는 개신교 신학자들 사이에 이견이 있었습니다. 폴라누스(Polanus)[24]와 같은 몇몇 신학자들은 그렇다고 확정했던 반면, 대부분의 학자는 머뭇거렸고 오히려 로마교의 "그리스도의 교회의 흔적들"을 언급했습니다.[25] 단호하게 부인하는 학자들도 있습니다.[26] 그들은 로마교의 가르침이 구원에 도움이 될 수 있다는 것을 딱잘라 거절했습니다. 왜냐하면 순전한 진리가 수많은 우상과 미신으로 혼합되

---

24) A. Polanus, *Syntagma theologiae Christianae* (Hanoviae, 1609, 5판, 1625), 535 D.

25) J. Calvin, *Institutio religionis Christianae* (1536, 4판, 1559), IV. 2, 11. *Confessio Fidei Gallicana* (1559), art. 28. "vestigia ecclesiae Christi."

26) H. Zanchius, *Omnivm opervm theologicorvm*, 전 8권, (Genevae 1619), VIII. 81.

헤르만 바빙크의 교회를 위한 신학

어, 와인에 독이 섞인 것처럼 더 이상 좋은 약이 될 수 없기 때문입니다.[27]

그럼에도 불구하고 그들은 모든 기독교회들, 그리스 교회와 로마교회, 재세례파와 항변파의 세례를 그리스도의 세례로 인정했습니다. 이 세례는 그 세례를 받은 자들로 하여금 순전한 고백과 순전한 교회에 가입할 의무를 부과했습니다. 그들은 심지어 푸치우스(Voetius)가 기독교 밖에 있는 반삼위일체론자들로 알려진 소시누스파의 세례조차 거부하기를 주저할 정도로 교회의 보편성을 적용했습니다.[28] 프랑스의 왕좌를 얻기 위해 자신의 신앙을 포기하려 했던 나바라(Navarra)의 헨드릭(Hendrik)[29]이 개혁파 목사와 로마교 신학자에게 사람을 보내어 자신이 양쪽 교회 모두에서 구원받을 수 있는지 질문했다는 이야기가 있습니다. 로마교 신학자는 개혁파 교회에서 구원받는 것을 부인했던 반면, 개혁파 목사는 로마교에서 구원받는 것을 감히 부인하지 못했습니다. 이

---

27) G. Voetius, *Disputationes Selectae*. II, 786.

28) Voetius, *Disputationes Selectae*, III, 760.

29) 역자주: 헨드릭 4세(Hendrik IV, 1553-1610) 또는 앙리 4세는 나바라의 왕(1572-1610)이며 프랑스의 왕(1589-1610)으로서 부르봉(Bourbon) 가문의 첫 번째 프랑스 군주였다. 로마교 신자로서 세례를 받았으나 그의 어머니와 더불어 개신교로 전향하였다. 위그노로서 그는 16세기 중반 이후의 수 많은 위그노 전쟁에 참여하였고, 1598년에 낭트 칙령을 발표함으로써 개신교의 종교적 자유가 보장되고 위그노 전쟁은 끝이 났다.

에 대해 헨드릭은 개혁파 목사에게 답변했습니다. "당신의 믿음
은 오로지 한 편의 지지만 받되, 로마교의 믿음은 둘 다의 지지를
받으니, 로마교 신앙을 취하는 것이 가장 합당하겠군요." 이 이야
기가 사실인지는 의문입니다. 하지만 분명한 것은, 개신교인들은
구원을 자신의 교회에 감히 제한하려 하지 않았다는 사실입니다.
왜냐하면 개신교는 로마교가 교황에 대한 복종에 구원이 있다고
하는 것처럼 구원의 경계선을 단호하게 긋지 않기 때문입니다. 오
히려, 한 영혼이 많은 죄와 오류 가운데서도 여전히 하나님과 교
제할 수 있는 은혜의 기준을 우리가 정할 수 없으며, 구원에 절대
적으로 필요한 지식의 정도를 우리가 가리킬 수 없다고 봅니다.
이는 모든 개신교도, 특히 개혁파 개신교도의 겸손하고도 아름
다운 사상이었습니다.[30]

　　이러한 가르침을 통해 개신교는 필연적으로 매우 중대한 구별
을 하지 않을 수 없었습니다. 즉, 단지 신앙과 신학 사이의 구별만
아니라 –이는 결코 금세기에 처음 등장한 것이 아닙니다– 또한
근본적 신앙 조항들과 비근본적 신앙 조항들 사이의 구별도 해야
했습니다. 칼뱅은[31] 모든 분리를, 또한 훗날 개혁파 교회들이 자

---

30)　Voetius, *Disputationes Selectae*, II, 537, 538, 781 그리고 여기저기서.

31)　Calvin, *Institutio religionis Christianae*, IV. 1, 12-13; IV. 2, 1.

신들의 분리를 정당화하지 못하도록 이런 구별을 지었습니다. 개신교 입장에서는 순수한 말씀 봉사에 있어서 약간의 유연성이 늘 필요합니다. 그렇지 않으면 공동체 생활이란 불가능합니다. 또한 분파주의가 아주 끔찍스럽게 조장될 것입니다. 따라서 이제 이단과 분리자들에 대한 평가의 문제가 대두되었습니다. 교부들의 엄격한 심판을 이제는 무조건 수용할 수는 없게 되었습니다. 루터파도 개혁파도, 결코 사람들의 주관적 확신을 묻지 않습니다. 물론 그들은 이단들이 늘 진심으로 오류를 범하고, 양심과 다른 것을 믿거나 고백할 수는 없다고 생각했습니다. 그들은 객관적인 입장에 서서 아우구스티누스와 푸치우스의 다음과 같은 말을 믿었습니다. "하나님을 바르게 믿지 않으면, 그의 삶은 악한 것이다."[32] "이단은 거룩할 수 없으며 경건할 수 없다."[33] 하지만, 그럼에도 불구하고 이단과 분리에 대한 개념은 상당히 완화되었습니다. 로마교는 교회의 가르침을 떠난 각 사람을 이단으로 부를 수 있고, 로마교 신학자들은 '믿음의 성향'(habitus fidei)이 각각의 이단과 더불어 상실된다고 주장할 수 있습니다. 그러나 개신교는 더 이상 그렇게 말할 수 없었습니다. 의심, 오류, 이단 사이에 차등이 있습

---

32) "male vivitur cum de Deo non recte creditur."

33) Voetius, *Disputationes Selectae*, III, 761.

니다. 이제 '이단'이란 용어는 오직 근본적 신앙 조항들에 대한 완고한 오류에만 적용되었고, 그렇다 보니 이단이란 일정치 않은 개념이 되었습니다. 그래서 심지어 이단에게조차 참된 믿음과 중생은 양립할 수 없는 것이 아닙니다. 신자들도 이단에 빠질 수 있고, 그 가운데 살며, 어쩌면 그 가운데서 죽을 수도 있습니다.[34] 우리가 여전히 이단들의 세례를 인정하는 한, 그들에게 '그리스도인'이라는 명칭을 주는 것을 피할 수 없습니다.

아울러 종교적 핍박과 이단 정죄에 대해 사람들이 취했던 입장 역시 점차 변했습니다. 종교개혁과 더불어 국가교회가 등장했을 때, 종교개혁자들 사이에는 민족의 통일성과 종교의 통일성이 서로 뗄 수 없다는 확신이 오랫동안 지배적이었습니다. 정부가 종교 문제에 있어서 그 어떤 소명도 받지 않았기에 시민들의 영적 복지를 돌볼 필요가 없다는 입장은, 모든 종교개혁자들의 생각과는 거리가 멀었습니다. 종교개혁이 이루어진 나라에서는 모두 단하나의 신앙고백이 국가의 종교로 추진되었습니다. 다른 종교를 고백하는 자는 추방되거나, 용서가 되었더라도 동등한 권리를 갖는 일은 불가능했습니다. 심지어 공인된 종교와 나란히 다른 종교들을 관용하는 것은 정부가 할 일이 아니며, 단지 상황에 따라 정

---

34)   Voetius, *Disputationes Selectae*, III, 758.

부가 허용하는 것 정도로 여겼습니다. 그 허용조차도 시민권 박탈, 종교행위 금지, 선전활동 금지, 심지어 국가교회의 설교를 강제로 듣도록 하는 등의 제약조건이 뒤따랐습니다. 이 모든 것은 우리가 말하는 종교의 자유, 신앙의 자유에 대한 평등과는 매우 거리가 먼 것입니다. 진리에게만 주어질 권리를 오류에 대해서도 동등하게 준다는 것은 사실상 거의 아무도 생각하지 못하던 것이었습니다. 결국, 진리는 국가의 영역에서도 진리여야 했습니다. 진리는 거기서도 자신이 모든 오류와는 확실히 다른 진리임을 스스로 증명해야 합니다. 진리는 그 절대성 때문에, 삶의 각 영역에서 중립이나 신앙무차별론을 배제했습니다.

그럼에도 불구하고 단 한 가지 점에서, 즉 양심을 억압하는 문제에 있어서 종교개혁은 로마교의 이단 핍박 사상과 결별했습니다. 로마교는 양심의 자유에 대해 맹세코 적대적입니다. 로마교는 세례를 받은 자라면 누구나 합법적으로 자신들에게 속한다고 주장하여, 그들이 구원을 베푸는 유일한 어머니인 교회의 품에 돌아오도록 폭력까지 사용할 수 있다고 생각했습니다. 그러나 종교개혁은 양심의 속박을 거부해야만 했습니다. 이는 종교개혁이 로마교의 폭정으로부터 피와 눈물로 양심과 신앙의 자유를 쟁취했기 때문이 아닙니다. 마찬가지로 그들이 이단을 위험스러운 존재로 생각하지 않아서도 아닙니다. 이단은 심지어 많은 범죄보다 더 위험한 것입니다. 종교개혁이 양심을 오류로 인해 더럽혀지지 않는 성소로 여겼기 때문도 아닙니다. 종교개혁이 원리적으로 양심에 대한 모든 폭력을 반대한 것은, 양심의 영역에서는 그 어떤 인간도 아닌 오로지 하나님 한 분만이 주권자이시기 때문입니다. 오직 하나님만이 양심을 묶을 수 있습니다. 그 어떤 피조물도 오직 하나님께 속한 권리를 자신에게 돌려서도, 돌릴 수도 없습니다. 속박으로는 아무것도 성취할 수 없습니다. "믿음은 설득되어야지, 강요되어서는 안 된다"(Fides suadetur, non cogitur).[35] 그 누구도 자신이 거짓이라고 믿는 종교를 통해 구원받을 수는 없습니다. 그러므로 우리나라의 엄격한 개혁파 정당이 자신들의 선전 벽보를 내걸 때에도, 다른 종교를 고백하는 자들의 양심이나 믿음을 검증하거나 훼방하라고 요구한 적은 한 번도 없었습니다. 오히려 분명히 그 반대 정책을 폈습니다. 개신교 입장에서 종교재판이란 불가능한 일입니다.

---

35) Voetius, *Disputationes Selectae*, II, 615. *Politica Ecclesiastica* (Amstelodami, 1663-76), II, 385v. 389, 400.

헤르만 바빙크의 교회를 위한 신학

(3) 우리에게 주어지는 의무

종교개혁 이후 가톨릭과 개신교의 역사는 기대에 미치지 못했습니다. 로마교는 16세기에 매우 민감하고 돌이킬 수 없는 상실을 경험했습니다. 하지만 로마교회는 그 상태 그대로 개신교회와 공존하기만 했던 것은 아닙니다. 로마교는 각성하여 일어섰으며, 트렌트 공회에서 내부를 강화했습니다. 그리고 개신교와 완전히 갈라서며 화해를 위한 가능성을 완전히 차단했습니다. 로마교는 배교한 이단들과의 싸움에서 예수회주의로부터 뜻밖의 강력한 도움을 받았습니다. 이 예수회는 반(anti)종교개혁을 구체화 시키고 대표하는 조직이었으며, 종교개혁을 파괴하는데 혼신의 힘을 쏟았습니다. 특히 스스로를 양육과 교육을 맡은 스승으로 삼아 여러 나라에서 종교개혁을 저지하거나 후퇴시켰습니다. 그리고 유럽에서 종교개혁으로 빼앗긴 이교도 국가들을 다시 가톨릭으로 돌아오게 하여 회복하려 했습니다.

로마교를 위한 그 수많은 고생들은 예수회의 공로가 되어, 이러한 공적은 곧 인정을 받습니다. 예수회는 수많은 역경과 절망을 겪고, 적대감과 증오감에 맞서 싸워야 했지만, 덕분에 자신이 로마교, 특히 교황에게 필수적인 존재임을 제대로 알렸습니다. 가톨릭과 예수회주의는 점차 동일한 의미가 되어갔습니다. 마리아의 무흠 잉태 선언과 교황 무류성 선언에서 로욜라(Loyola)의 예수회는 최고의 승리를 거두었습니다. 기독교 전체는 완전히 로마교의 특성에 잠식되었습니다. 기독교와 교회의 보편성이 특정 장소와 특정 인물에게 매였습니다. 마리아와 교황이 그 핵심이요 모든 것입니다. 그것은 공공연히 선언되어 왔습니다. "교황이 있는 곳에 교회가 있다"(ubi Papa, ibi ecclesia).[36]

　결국 종교개혁은 머지않아 처음과 같은 용기와 신선한 힘을 상실했습니다. 대략 1세기 뒤에 그 강력했던 운동은 이미 정체되었고, 퇴보가 시작되었습니다. 중세시대에 로마교는 그 권세와 장엄함에도 불구하고 모든 것을 교회의 통치 아래 두지 못했습니다. 대중적 시(詩), 기사도 정신, 여성숭모, 상스러운 도덕, 방탕한 생활, 조소(嘲笑)와 불신앙 등은 당시의 기독교가 일반 백성의 생활을 포장하는 얄팍한 겉치레에 지나지 않았음을 보여줍니다. 하지만 종교개혁 또한, 개념상으로는 보편성을 지녔지만, 실제적인 삶의 기독교화는 거의 이루지 못했습니다. 예술, 학문, 철학, 정치-사회적 삶은 종교개혁의 원리들을 결코 참되게 수용한 적이 없습니다. 비록 이론적으로는 극복했을지라도, 삶의 수많은 실천적 영역에서 이원론이 여전했습니다. 심지어 신학자들과 신학조차 고

---

36)　G. Martinus Jansen, *Praelectiones theologiae dogmaticae*, 전 2권(I-II/2), (Ultrajecti, 1875-79), I. Theologia fundamentalis, 511.

대 세계관에 기초하는 경우가 많았습니다. 다들 아시다시피, 종교개혁은 결코 새로운 역사의 유일한 요소가 아니었습니다. 16세기 이전에 이미, 단지 종교적이고 교회적인 영역만이 아니라 또한 다른 모든 삶의 영역에서도 자유와 해방을 위한 갈망이 깨어났습니다. 시민 생활, 사회 생활, 국가적 생활에서의 커다란 변화들, 고전주의의 부활, 자연과학의 각성, 독립적 철학의 등장 등은 처음부터 종교개혁과 나란히 존재했던 수많은 세력이었습니다. 이 원론이 잠시 뒤에 적대감으로 발전했을 때, 종교개혁은 자신이 여전히 강력한 영향력을 미쳤던 [교회의] 영역으로 퇴각하여, 용기를 잃고 낙심하였습니다. 거기서 나름의 고유한 입장을 지닌 기독교적 삶이 생겨났는데, 단적으로 말해서 나는 이것을 경건주의 (Pietisme)[37]라고 부릅니다.

그것은 비록 어떻게 변화되었든 간에 고대 기독교회에서 몬타누스주의, 노바티누스주의, 그리고 도나투스주의가 보여줬던 경향과 다를 바 없습니다. 이는 중세시대에 많은 분파와 수도회 가운데 존속되어 왔습니다. 종교개혁 기간에 와서는, 가장 급진적 형태는 재세례파 가운데 등장했고, 17~19세기에는 다양한 종교

---

37) 역자주: 경건주의란 17세기 정통주의 신학과 신앙생활에 생기와 활력이 없음을 목격하고 신앙의 내적 경험과 경건한 삶의 실천을 강조한 운동으로 18세기 중반에 절정에 이르렀다.

적 운동들, 즉 독립주의와 침례교, 퀘이커주의와 헤른후트주의, 경건주의와 감리교, 부흥(reveil)과 다비주의(Darbysme)에서 나타났습니다. 그리고 이는 지금까지도 기독교적인 삶을 보여주는 대표적인 형태 가운데 하나입니다.

이처럼 기독교와 교회의 보편성은 18세기의 오랜 역사를 겪으면서도 결국 계몽되기를 거부하는 로마교회의 예수회주의와 세상과 담을 쌓은 개신교회의 경건주의로 마무리 되었습니다. 여기서 중요한 것은, 양자의 차이점을 인정하면서도, 주목할만한 일치점이 무엇인지 찾아보는 일이겠습니다.

이 두 종파는 기독교와 교회의 보편성에 대해 죄를 지었습니다. 따라서 이들은 오늘날 우리에게 요청되는 개혁을 수행하는데 쓸모가 없습니다. 세월이 얼마나 변했습니까! 중세시대에 교회는 모든 것을 지배했습니다. 따라서 우리는 그 시대를 떠나서는 어떻게든 교회와 접촉하는 그 어떤 모습도 연구할 수 없습니다. 교회당이 도시와 마을의 중심을 형성한 것처럼 교회는 삶 전체의 중심입니다. 16세기에 교회 개혁이 역사의 전면에 등장하여 다소간에 다른 모든 운동들을 뒤로 물러나게 했습니다만, 그런 개혁과 더불어 동시에 해방된 권세들이 더 강한 영향력을 얻었고, 처음엔 잠깐 고초를 겪었지만 결국엔 거의 모든 기독교인의 삶을 지배하게 되었습니다. 새로운 세계관과 인생관이 등장한 겁니다. 이것은 각 사람에게 신앙의 자유를 허용하되, 스스로 기독교와 교회로부

헤르만 바빙크의 교회를 위한 신학

터 분리하여, 기독교와 교회를 가능한 한 많이 공적인 삶 전체로부터 특별한 삶으로 내몰아 분파적 현상들로 격하시키려 합니다. 그래서 오늘날의 문화는 대부분 기독교와 교회와는 상관이 없게 되었습니다.

이제 우리는 전적으로 새로운 질서 앞에 서 있습니다. 기독교가 전혀 겪어보지 못했던 권세가 등장했습니다. 교회가 전혀 상상하지 못했던 현상이 등장했습니다. 예를 들어, 완전한 중립성을 지닌 현대의 국가관과 사회 앞에, 전혀 다른 형태를 제공하는 제 3의 지위와 제 4의 지위가 등장합니다. 사회적 관계를 아주 복잡하게 만드는 무역과 금융, 산업과 제조업이 그것입니다. 게다가 학문의 영역에서는 어떠합니까? 멋진 결과를 산출하는 귀납적 방법, 모든 연구가 인과율로부터 출발해야 한다는 믿음, 학교와 대학에서의 어린이 양육과 교육의 해방, 하나님의 실재 혹은 하나님의 가지성(可知性, kenbaarheid)을 부인하고 모든 방면에서 성경의 신빙성을 의심하는 것, 우주에 대한 지리중심적 관점과 인간중심적 관점으로의 전복, 언제 어디서나 진화의 법칙을 받아들여서, 그 원리로 심리학과 인류학, 윤리학와 정치학, 그리고 모든 학과를 새롭게 수립하려는 소위 독립적 학문 … 반면에 신학에는 기껏해야 학문의 영역 옆에 조그만 자리를 허용할 뿐입니다.

진실로, 그럴 리 없겠지만, 기독교와 신학과 교회의 보편성에 도전하는 세력들을 결코 가볍게 여겨서는 안 됩니다. 더구나 우리 자신부터가 어쩌면 우리가 생각하는 것보다 훨씬 더 현대 인생관의 영향 아래 있을 것입니다. 사물에 대한 우리의 관점은 여러 면에서 이전 세대와는 다릅니다. 당시에 죽음 이편의 삶은 주로 천국에 대한 준비로서 여겨진 반면, 지금은 고유하고 독립적인 가치를 지닙니다. 당시에 영원을 지향하는 도덕적 성격은 지상 생활에 대한 어떤 무관심을 가져왔던 반면, 이제는 이 땅의 삶에 높은 가치를 두고 물질적 중요성을 열정적으로 실현하려 합니다. 우리들은 이 땅의 삶을 가능한 한 견딜만하고 즐거운 삶이 되도록 노력합니다. 비참을 완화시키고, 범죄를 줄이며, 사망률을 낮추며, 건강을 증진하고, 공적인 난폭함을 반대하며, 구걸을 제한합니다. 원리적으로 이런 일들이 과거의 인생관과 대조되는 것은 아닐지라도, 여러 면에서 우리에게 다른 빛을 비추어줍니다.

이러한 문화에 대해 로마교가 취한 입장은 여러분이 알고 있습니다. 1864년의 교서 요목(syllabus)은 현대 인생관에 대해 어떤 용인이나 타협이 없다는 입장을 취합니다. 스콜라적 방법론과 원칙이 오늘날 여전히 시대의 요구와 학문의 진전에 적절하다고 선언했습니다. 레오 13세(Leo XIII)는 시대정신을 축출하기 위해 중세의 강력한 사상가를 동원했습니다. 그리고 예수회 교도들은 어디서나 신학과 정치, 역사와 철학의 재건에 열정적이었습니다. 모든 영역에서 그들은 투쟁했고. 오직 순진한 개신교인이거나 열광적인 반교황주의자만이 부정하고 간과할 수 있는 하나의 힘을 발전시켰습니다.

우리 개신교도는 모든 사람의 이름으로 세기의 노력 전반에 대해 저주를 선언하는 교황을 갖지 않습니다. 우리는 기독교 신앙과 기독교회가 노출된 폭풍에 대해 도움을 요청할 수 있는 성인 토마스(Thomas)를 갖지 않습니다. 하지만 우리 중 많은 이들이 다 코스타(da Costa)가 적극 동의하고 인용했던 말을 진리로 매우 확신하고 있습니다. "고대 연구는 새로운 해석을 이기지 못한다". 이는 오늘의 질병을 치료하기 위해 오래전 과거로 되돌아가는 것에 대한 언급입니다. 이런 저런 형태의 경건주의는 금세기의 많은 그리스도인에게 크게 매력을 주고 있습니다.

여기서 우리는 하나님께서 쇠퇴의 시기에 폭스(Fox)와 웨슬리(Wesley), 슈페너(Spener)와 프랑케(Franke), 폰 친첸도르프(Von Zinzendorf)와 라바디(Labadie), 다아비(Darby)와 어빙(Irving), 무디(Moody)와 부쓰(Booth)와 같은 사람들을 통해 자신의 교회에 주셨던 선물을 부인하려는 것이 아닙니다. 그들의 사역에 종종 풍성하게 임했던 축복을 그 누가 부인할 수 있습니까? 많은 경우에 그들의 열심, 그들의 용기, 그들의 믿음, 그들의 사랑은 놀랄 만한 것입니다. 교회의 세속화와 부패에 대한 그들의 저항은 근거가 없지 않았습니다. 그들은 종종 하나님의 영광과 사람들의 구원을 위한 거룩한 열심에 사로잡혔고, 혹은 홀로 한적한 곳으로 들어가 기독교 미덕들을 탁월하게 드러내곤 했습니다.

하지만 그럼에도 불구하고 그들의 기독교에는 어떤 것이 빠져 있었습니다. 그것은 종교개혁자들이 보여주었던 참된 기독교, 건강한 인생관과 세계관과는 전혀 다른 인상을 곧바로 우리 모두에게 줍니다. 기독교의 참되고 진정한 보편성이 빠진 것입니다. 이 분파들은 무슨 일이든, 그리고 그에 따른 결과조차도, 기독교의 원칙으로부터 도출하지 않습니다. 물론 그들이 세상, 국가와 사회, 예술과 학문, 신학과 교회를 전적으로 내던졌거나, 기독교 알기를 그리스도가 하늘로부터 자신의 인성을 동반하듯 하늘로부터 뚝 떨어진 전혀 새로운 창조로 이해했던 재세례파들처럼 극단적이지는 않았습니다. 그렇지만 경건주의자들에게는 세상과 그 모든 문화에 대해서 금욕적이고 부자연스런 관점이 대세였습니다. 그들이 경건주의식으로 고독에 잠기든, 감리교식으로 세상을 공격하고 폭력으로 정복하려 했든, 여기에는 결코 참되고 진정한, 완전한 개혁은 없었습니다. 단지 악한 자 안에 있는 세상으로부터 몇몇 사람을 구출하고 구원할 뿐입니다. 결코 전체 세상, 민족과 국가에 대한 하나의 방법론적, 조직적 개혁은 없었습니다. 이 모든 운동은 중심이 아닌 주변만 공격했습니다. 성벽만 공략했을 뿐, 요새 자체를 공격하지 못했습니다. 그것은 자신의 주인 아래 있는 왕국과 같은 세상의 모든 조직에 맞선, 모든 전투적 교회의 강력하고 당당한 씨름이 아니었습니다. 오히려 적군을 여기저기서 무력화시키되 승리에는 이르지 못하는 게릴라식 전투였습니

헤르만 바빙크의 교회를 위한 신학

다. 이 전투는 각 사람이 개인적으로 자신의 손으로 자신의 방식과 뜻대로 치르는 싸움이었기에 조직적이 아니며, 따라서 삶의 흐름을 바꾸지 못했습니다. 몇몇 죄들에 대한 싸움일 뿐, 모든 죄의 뿌리는 제대로 손대지 못했습니다. 학문의 불신앙적 결과들을 거절하였지, 어떤 학문을 근본적으로 개혁하는 것은 아니었습니다. 공적인 삶에서 물러나는 것이었지, 하나님의 말씀의 요구에 따라 공적인 삶을 개혁하려는 것은 아니었습니다.

물론 옳습니다. 이 모든 것은 속된 것이라서 언젠가 멸망할 것이겠지요. 그래서 그저 자기가 하나님을 믿을 수 있고 전도를 할 수 있다는 정도에 만족하면서, 사람들은 나라와 민족, 국가와 사회, 예술과 학문을 그 운명에 넘겨주었습니다. 사람들은 삶으로부터 전적으로 물러나서, 말하자면 모든 것과 결별하고, 더 심하게 말하자면 불신앙에 빠진 조국을 버려두고, 배를 타고 아메리카로 떠났습니다.[38] 보십시오. 이런 경향은 물론 기독교의 많은 것을 설명하지만, 그것이 참되고 완전한 기독교는 아닙니다. 이런 경향은 하나님께서 세상을 사랑하셨다는 진리를 부인하는 것입니다.

---

[38] 역자주: 바빙크는 1840-50년대에 종교적 자유를 찾아 떠났던 네덜란드 개신교도의 미국 이주를 비판적으로 바라본다. 바빙크는 평생지기 학문의 친구 크리스티안 스눅 후르흐론녀(Christiaan Snouck Hurgronje, 1857-1936)에게 보낸 편지에서도 분파주의를 경고하고 있다. J. de Bruijn en G. Harinck, red. *Een Leidse vriendschap*, 136. 1888년 12월 22일자 편지.

이런 경향은 세상과 전투할 수 있고, 세상을 거부할 수 있으나, 믿음으로 세상을 이기지는 못합니다.

교회와 관련된 다음의 경향도 마찬가지입니다. 라바디주의 (Labadisme)와 경건주의를 따르는 사람들이 기존 교회들을 바벨 (Babel)[39]로 취급해서 내던지고, 기존 교회 안에 혹은 그 옆에 작은 교회들을 설립했습니다. 침례교와 감리교를 추종하는 사람들은 교회의 형태를 복음의 확산에 너무도 느리고 골치 아픈 것으로 치부하고, 북을 치고 깃발을 휘날리는 군대식 방식으로 세상을 공격했습니다. 이런 경향에는 항상 교회의 보편성, 즉 그리스도의 몸의 통일성이 빠져있습니다. 넓은 마음으로 교회를 바라보고, 참과 거짓을 구별하고, 알곡과 쭉정이를 간과하지 말아야 하는데, 그들은 오히려 모든 교회를 단 한 마디로 거짓된 것으로 규정하고, 모든 신자들로 하여금 분리하라고 요청하며, 분리 자체가 믿음의 결단인 것처럼 공공연히 부추겼습니다. 그래서 권징은 자신의 순결을 보존하기 위해서는 남겨두었지만, 오류를 범한 자와 타락한 자를 다시금 그리스도께 돌아오게 하기 위해서는 쓰지 않았습니다. 기존 교회의 세례는 거부되거나 그렇지 않다면 매우 심

---

39) 역자주: 바벨(Babel) 혹은 바빌론(Babylon)은 오늘날 이라크의 바그다드 남쪽 80Km에 위치한 고대 도시로서 성경에서 가증하고 부정한 음녀, 우상숭배의 도시를 상징한다(계 17:5).

헤르만 바빙크의 교회를 위한 신학

각한 조건에서만 인정할 뿐이었습니다. 혹은 그 무게 중심이 세례에서 신자의 결단으로 옮겨지기도 했습니다.

이 모든 일의 결국이 무엇입니까? 교회들이 회복된 것이 아니라, 분열이 지속되어 교파의 숫자만 늘어난 것입니다. 개신교가 우리에게 보여준 분파주의는 어두운 그늘을 갖고 있습니다. 그것은 종교개혁의 시작부터 나타나긴 했지만, 다름 아닌 금세기에 너무나도 만발했습니다. 교회가 설립되면 즉시 또 다른 교회가 새롭게 설립됩니다. 영국에는 이미 200개 이상의 분파가 있습니다. 아메리카에는 더 많아서, 숫자를 셀 수도 없습니다. 차이점들이 너무 많은데다 매우 사소하기에, 더 이상 그 자취를 추적할 수조차 없습니다. 심지어 고백서들에 대한 비교 역사만 갖고도 신학의 새로운 과목이 되어야 한다는 목소리조차 나왔습니다. 더 심각한 것은 이런 분파주의로 인해 교회적 의식(意識)이 다 녹아 사라져 버린 것입니다. 더 이상 교회와 연합회 사이를 구별할 수 없습니다. 교회로부터의 분리가 죄라는 사실을 인정하는 사람은 거의 없습니다. 어느 교회에 가입을 하더라도 쉽게 떠나버립니다. 만일 어떤 교회에서 이러 저러한 것이 더 이상 마음에 들지 않는다 싶으면 그 어떤 양심의 가책도 없이 다른 교회를 찾습니다. 결국 취향대로 결정합니다. 이런 삶의 방식 앞에 권징의 시행은 불가능한 일이니, 권징은 그 성격을 완벽하게 상실했습니다. 아마도 매우 제한된 몇몇 경우를 제외하고, 그 어떤 목사가 감히 선한 양심으로 출교를 시킬 수 있겠습니까? 이 모든 일을 떠나서 정말 심각한 문제는, 그렇게 교리의 통일성과 교회의 통일성을 깨뜨린 탓에, 성도의 교제가 훼방을 받고, 다른 신자들이 성화를 위해 힘써 사용하는 성령의 은혜의 선물을 내던지고, 스스로 자신의 영역에 갇혀 영적 교만을 조장하며, 로마교를 강화시키고, 세상 앞에 중상과 비방의 빌미를 제공하는 것입니다.

　제가 이런 어두운 그늘을 지적함으로써 이런 형태의 기독교에 여전히 속해 있는 선한 것들을 완전히 부정하려는 것은 아닙니다. 경건주의 및 그와 관련된 종교 운동에도 영광스러운 진리가 담겨 있음은 의심할 여지가 없습니다. 예수는 친히 우리에게 필요한 단 한 가지를 지적하는데, 그것은 바로 우리가 무엇보다 하늘나라를 찾고, 다른 모든 것은 포기해야 한다는 것입니다. 하늘 아버지는 우리에게 무엇이 필요한지 알고 계십니다. 하나님과의 교제는 고유한 것이어서, 우리의 도덕적인 삶, 지상의 직업 수행에 함몰되지 않습니다. 신비(mystiek)는 실제 행동과 나란히 자신의 정당성을 유지합니다. 일은 다시금 휴식을 필요로 합니다. 주일은 노동하는 평일의 첫 머리에 위치하되, 평일과 나란히 존재합니다. 우리가 사는 세대에는 우리가 천국에서 기대하는 그런 조화와 일치에 결코 이를 수 없을 것입니다. 편협함은 교회와 사람에게 늘상 있을 것입니다. 복음은 우리 가운데 그 어떤 사람의 지성, 감정, 그의 의지, 머리, 마음, 그리고 손을 획일적으로 통치하지 않습니다. 하지만 종교적인 측면은 -좋은 의미에서 기독교의 금욕적 측면은- 반드시 도덕적 측면, 즉 참된 인간적 측면을 통해 보충되어야 합니다. 온갖 거짓된 신비주의와 수도원적 경건에 빠지지 않도록 말입니다. 사람이 모든 것을 버리고 스스로 고독에 잠길 때 믿음은 큰 것처럼 보입니다. 하지만 저에게 있어서 더 큰 믿음은 하늘나라를 보물처럼 간수하면서, 동시에 우리를 위한 그 분이 우리를 대적하는 자보다 더 크신 분이며, 또한 세상에서 우리를 악한 자로부터 지키시기에 충분하신 분임을 확신하면서, 누룩처럼 세상 속에 들어가는 자의 믿음입니다.

이것이 바로 우리의 기독교 신앙의 보편성이 우리에게 요구하는 것이 아닙니까? 복음은 다른 견해들 가운데 하나의 견해가 되는 것만으로 만족하지 않으며, 그 성격상 모든 영역에서 거짓에 대립하는 배타적 진리임을 주장합니다. 교회란 사람들이 함께 모여 종교적 행위를 하는 임의적인 모임이 아니라, 주님의 기관이며, 진리의 기둥과 터입니다[딤전 3:15]. 세상은 분명 기독교와 교회를 기꺼이 자신의 영역에서 추방하고 집안에 가둘 것입니다. 우리가 한적한 자리로 물러가 세상으로 하여금 편안히 마음대로 행하도록 하는 것보다 저들을 더 기쁘게 할 수는 없을 것입니다. 하지만 기독교와 교회의 보편성은 우리가 이런 따위의 희망을 품도록 허용하지 않습니다. 우리는 분파(分派)가 되어서는 안 되고, 분파가 되기를 원해서도 안 되며, 진리의 절대적 성격을 부인하지 않고서는 분파가 될 수도 없습니다. 물론 하늘나라가 이 세상에 속한 것은 아니지만, 그럼에도 불구하고 모든 것이 그 나라를 섬기도록 요구합니다. 하늘나라는 배타적이며 자신과 나란히 존재하는 그 어떤 독립적 혹은 중립적 세상 나라를 허용치 않습니다.

의심의 여지 없이 금세기 전체를 그냥 내버려 두고 가만히 앉아 우리가 할 수 있는 것이나 찾는 것이 훨씬 더 쉬울 것입니다. 하지만 그런 쉼은 이 땅에서 우리에게 주어지지 않습니다. 왜냐하면 하나님의 모든 피조물은 선하고 감사함으로 받으면 버릴 것이 없고, 모든 것은 하나님의 말씀과 기도로 거룩하게 될 수 있기 때문입니다[딤전 4:4-5]. 따라서 그 어떤 피조물을 저버리는 것은 하나님께 대한 배은망덕이요, 그의 은사를 거부하는 것입니다. 우리의 씨름은 그 어떤 혈육이 아니라 오직 죄에 대한 씨름이어야 합니다[엡 6:12]. 우리가 그리스도를 고백하는 자로서 금세기에 처한 우리의 관계가 얼마나 복잡하든지, 사회적, 국가적 영역에서 그리고 무엇보다도 학문적 영역에서 우리 앞에 놓인 문제들이 얼마나 심각하고 어렵든지, 심지어 거의 풀 수 없을 지경이라 하더라도, 만일 우리가 오만하게 그 싸움을 회피하고, 무슨 거룩한 명분을 들먹이면서 우리 시대의 모든 문명을 마귀의 것이라고 거부한다면, 이는 불신앙과 무능함을 증명하는 것일 뿐입니다. 진실로 이것은, 바코(Baco)의 말에 의하면, 거짓으로 하나님을 기쁘시게 하려는 것 외에 다른 것이 아닙니다. 그와 반대로 믿음은 세상에 대

헤르만 바빙크의 교회를 위한 신학

한 승리의 약속입니다[요일 5:4].[40] 이 믿음은 보편적이어서 결코 시대와 장소, 나라와 민족에 매이지 않습니다. 이 믿음은 모든 형편에 상응할 수 있으며, 자연적 삶의 모든 형태에 응답합니다. 이 믿음은 모든 시대에 적합하고, 모든 것에 유익하며, 모든 상황에 적절한 것입니다. 이 믿음은 자유롭고 독립적입니다. 왜냐하면 이 믿음은 다름 아닌 오직 죄와 싸우기 때문이며, 모든 죄를 깨끗하게 씻는 것은 십자가의 피 안에 있기 때문입니다.

만일 우리가 기독교 신앙의 보편성을 이처럼 이해한다면, 우리는 스스로를 교회의 영역에 가둘 수 없고, 하나의 보편적 기독교회와 더불어 금세기에 많은 교회들이 처한 안타까운 상황에 대하여 구원을 추구할 수 있을 것입니다. 모든 곳에 만연한 분파주의를 목격하면서, 우리는 아마도 교회의 시대는 지나갔으며, 신자들의 각 그룹이 할 수 있는 것이라곤 오직 고난 가운데 희망을 품고 주님의 미래를 기다리는 것 밖에 없다고 생각할 수도 있을 것입니다. 실제로 개신교 원리 가운데 교회 개혁과 나란히 교회 분

---

40) 역자주: 요한일서 5장 4절은 1901년 6월 30일 깜픈에서 행한 설교의 본문으로서, 유일하게 출판된 바빙크의 설교이다. H. Bavinck, *De wereldwinnende kracht des geloofs* (Kampen: G. Ph. Zalsman, 1901). 박태현, '헤르만 바빙크의 첫 번째 설교문이자 유일한 유작 설교문, '세상을 이기는 믿음의 능력'(요일 5:4b)', 「신학지남」 84권(3) 통권 332호 (2017):139-173. 제임스 에글린턴 저, 신호섭 역, '세상을 정복하는 믿음의 능력', 『헤르만 바빙크의 설교론』(군포: 다함, 2021), 156-189.

리의 요소도 들어 있습니다. 하나의 기독교회는 셀 수 없이 많은 작은 교회들과 분파들, 연합체들과 협회들로 나뉘었습니다. 옛 가톨릭 신자인 폰 될링거(Von Döllinger)가 품었던 모든 기독교회의 재통일에 대한 희망은, 뜻은 좋았으나 실현 가능성이 없어서 점차 무익한 것으로 드러난 혼합주의(syncretisme)에 불과합니다.

하지만 그러한 끝없는 분열이 교회의 통일성과 교리의 일치에 얼마나 손해가 되었든 간에, 그 분열이 기독교에 오로지 부정적인 증거만 보여준 것은 아닙니다. 분열은 기독교가 여전히 살아있으며, 사람들 가운데 있는 하나의 권세이며, 수많은 사람들 마음에 관련된 중대사라는 증거입니다. 기독교 신앙의 부요함, 다면성, 다양성이 분열 가운데 드러납니다. 외적 통일성은 물론 더 매력적으로 보입니다. 로마교는 외적 통일성을 깨뜨리는 그 어떤 경우도 허용치 않고, 개신교의 분열과 비교하면서 자신의 영광스런 통일성을 과시합니다. 하지만 로마교는 이런 외적 통일성 아래, 개신교가 서로 나란히 발전하기 위하여 허용하는 차이점들과 반대점들을 감춰버립니다. 따라서 종교개혁이 허망하게 가장된 통일성을 버린 것은, 그리고 내적으로 일치하지 않는 것을 외적으로 분리되도록 허용한 것은, 저주가 아니라 오히려 축복입니다. 그런데도 국가교회는 여전히 로마교의 누룩에 감염되어, 양심을 괴롭히고 성품을 부패시키며 교회를 병들게 만드는 신앙과 불신앙의 외적 연합을 통해 로마교와 싸울 힘을 추구하고 있습니다. 이것은 무척

헤르만 바빙크의 교회를 위한 신학

아쉬운 일입니다. 따라서 분파들, 특히 금세기의 자유 교회들이 국가교회에 맞서 종교의 자유를 쟁취한 일은, 또한 신앙과 고백서를 국가의 모든 간섭으로부터 자유롭게 한 일은, 결코 작은 소득이 아닙니다. 이제 기독교 신앙은 우리 교회사의 초창기처럼 다시 전적으로 교회 자신에게 위임되었습니다. 이로 인해 기독교 신앙은 영적 전쟁에서 약해지기는커녕 훨씬 더 강해질 것입니다. 이런 이유로 자유 교회들은 의심의 여지없이 약속된 미래를 소유합니다. 자유 교회들은 단지 이 한 가지 조건 하에서만 기독교 신앙과 기독교회의 보편성을 보존합니다.

과거 신학자들은 신앙의 근본적 조항과 비근본적 조항들 사이를 구별했습니다. 이 구별은 종종 지극히 기계적으로 이해되었습니다. 이 두 종류의 조항들은 서로 분리되어 나란히 존재했습니다. 이 구별은 또한 전적으로 고백적이었고, 각각의 고백서에 선언된 것처럼 지극히 근본적이었습니다. 하지만 유기적으로 적용했을 때, 이러한 구별은 타당합니다. 단 하나의 보편적 기독교회가 다양한 교회들 가운데 어느정도 순수하게 드러나는 것처럼, 마찬가지로 단 하나의 보편적 기독교 진리 역시 다양한 고백서들 가운데 어느정도 순수하게 표현됩니다. 보편적 기독교란 신앙 색깔의 다양성을 **초월해**(*boven*) 있는 것이 아니라 그 다양성 **안에**(*in*) 현존합니다. 단 하나의 교회가 아무리 순수하더라도 보편 교회와 동일하지 않는 것처럼, 하나의 고백서가 하나님의 말씀을 따라 아무리 순수하게 작성되었더라도 기독교의 진리와 동일시되어서는 안 됩니다. 자신의 모임을 그리스도의 유일한 교회로 여기고 오로지 자신만이 진리를 소유한다고 생각하는 모든 분파는 몸통에서 떨어져 나간 가지처럼 말라 죽을 것입니다[요 15:6]. 그리스도의 몸이 장성하게 될 때, 비로소 우리가 믿는 그 **하나의 거룩한 보편적 기독교회**가 나타날 것입니다. 또한 그때가 되어서야 비로소 교회는 신앙의 일치와 하나님의 아들에 대한 지식의 일치에 이를 것이며, 그때서야 교회는, 주께서 교회를 아시듯 주님을 알게 될 것입니다.

헤르만 바빙크의 교회를 위한 신학

2.
해설

(1) 이임 연설의 의의

네덜란드 자유대학교 교의학자인 판 데어 꼬오이(C. van der Kooi)는
헤르만 바빙크의 신학저술이 갖는 가치와 의의를 다음과 같이 지
적했습니다.

> 헤르만 바빙크(1854-1921)의 신학 작품은 1870년과 1920
> 년 사이에 만개하고 절정에 이르렀던 신칼빈주의(neo-
> calvinistis che) 운동의 정점들 가운데 하나로 여겨진다.[41]

---

41) Kees van der Kooi, "Het theologisch werk van Herman Bavinck(1854-1921) mag gelden
als één van de hoogtepunten van de neo-calvinistische beweging zoals di tussen 1870
en 1920 haar bloei en hoogtepunt beleefde." 'Inleiding', 7. in H. Bavinck, *Gereformeerde
katholiciteit* (1888-1918) (Barneveld: Nederlands Dagblad, 2008).

신칼빈주의 운동은, 일반적으로 알려진 바와 같이, 개혁파 개신교의 영적 유산을 현대 세계에 유익한 것으로 만들고자 했던 하나의 갱신 운동이었습니다. 바빙크는 이 갱신 운동의 선구자였던 아브라함 카이퍼(Abraham Kuyper, 1837-1920)[42]와 더불어 그의 동역자로서 신칼빈주의 운동의 전개와 확산에 있어서 신학적 토대와 중추 역할을 감당했습니다.

바빙크는 1888년 12월 18일 교장 이임을 맞아 『기독교와 교회의 보편성』[43]이라는 제목의 특강을 통해 개혁주의적 입장에서 사도신경의 9조에 나타난 '공회'(보편교회)의 의미와 중요성을 밝히 드러냅니다. 이 특강은 당시 네덜란드 교회분열의 현장에서, 즉 1886년 국가교회로부터의 두 번째 분리인 '애통운동'(Doleantie)을 지켜본 현장에서, 기독교의 공교회성에 대한 고백이 갖는 중대한 의의와 그 원리의 적용을 기독교계와 신학계에 밝히 드러낸 보기 드문, 카이퍼가 명명하듯, '수작(秀作)'입니다.[44]

---

42) Van der Kooi, 'Inleiding', 8. 카이퍼는 "의심할 여지없이 이 갱신 운동의 가장 창조적인 신학자이며 비전을 제시하는 지도자"였다.

43) 『기독교와 교회의 보편성』이 갖는 특징과 의의는 H. Bavinck, *Gereformeerde dogmatiek*⁴, 박태현 옮김, 『개혁교의학』 전 4권, (서울: 부흥과개혁사, 2011), 1권, '편역자 서문', 32-37에서도 볼 수 있다.

44) 벌코프(H. Berkohf)는 자신이 아는 한, 개신교 역사에서 기독교와 교회의 보편성에 관한 유일한 연구작품이라고 진술하였다. H. Berkohf, *De Katholiciteit der kerk* (Nijkerk: G. F. Callenbach, 1962), 20.

심지어 '분리운동'과 '애통운동'의 맹렬한 적수인 후더마커(Ph. J. Hoedemaker, 1839-1910)조차 "언젠가는 기억되어야 할 많은 훌륭한 것들과 반박될 수 없는 많은 진리들을 담고 있다"고 평가했습니다.[45] 이 특강의 두드러진 특징은 바빙크가 당면한 현실적 문제를 외면하지 않고, 그 시대적 요청에 부응하여 명백한 개혁주의 기초원리를 바탕으로 기독교의 우주성과 교회의 보편성을 천명한 점입니다.[46] 판 덴 베르흐(J. van den Berg)는 이 특강이 "수직적 보편성과 수평적 보편성, 모든 시대의 교회와 더불어 갖는 고백적 연합과 모든 나라의 교회와 더불어 갖는 현재의 연합 사이의 관계"를 취급한 것이라고 바르게 지적했습니다.[47] 이 특강을 통해 바빙크가 전하고자 했던 핵심은 그리스도의 복음이 성령의 능력 안에서 종말론적으로 세상과 인간의 삶 전 영역을 변화시킨다는 확신입니다.[48] 이 점에서 바빙크는 카이퍼가 자유대학교 개교 연

---

45) Ph. J. Hoedemaker, 'de Gereformeerde Kerk', I, 19, in C. Veenhof, *Volk van God: Enkele aspecten van Bavincks kerkbeschouwing* (Amsterdam 1969), 308에서 재인용.

46) H. Bavinck, *De katholiciteit van christendom en kerk* (Kampen: G. Ph. Zalsman, 1888), 7. 바빙크의 이 특강은 정확히 80년 후 1968년에 푸힝허(G. Puchinger)의 서론이 첨부되어 다시금 출간되었는데, 이러한 재출간은 1926년의 분리, 1944년의 '해방운동'(vrijmaking), 그리고 다시금 1967년 그 '해방운동' 자체내부의 분열과 분리의 배경과 무관하지 않다.

47) J. van den Berg, 'De Gereformeerde Kerken en de Oecumenische Beweging', in W. F. Golterman & J. C. Hoekendijk, red. *Oecumene in 't vizier*. Feestbundel voor Dr. W.A. Visser 't Hooft. (Amsterdam: Ten Have, 1960), 9-22, 특히 17.

48) Cf. Martien E. Brinkman, 'Bavinck en de katholiciteit van de kerk', in *Ontmoetingen met*

설에서 "우리 인간 삶의 모든 영역에서 만유의 주재이신 그리스도
께서 '나의 것이다'라고 외치지 않는 영역은 한 치도 없습니다"고
선언함으로써 칼뱅의 하나님 주권사상을 다시 주창했던 것과 매
우 긴밀히 연관됩니다.[49]

『기독교와 교회의 보편성』은 130여 년이 지난 오늘날에도 여
전히 적실성과 시사성을 지니고 있습니다. 왜냐하면 이 강연에서
바빙크는 기독교 신앙이 세상에 대해 갖는 관계를 논의하고 있기
때문입니다. 바빙크는 기독교 신앙과 신학이 갖는 공적인 역할에
대한 자신의 이해와 비전을 제시하고 있습니다. 따라서 이 강연은
"공적 신학에 대한 바빙크의 가장 원리적인 학술 논문이다"고 지
적한 판 데어 꼬오이의 평가는 매우 정당한 것입니다.[50] 바빙크의
이 강연은 신칼빈주의 운동의 특성을 고스란히 드러낼 뿐만 아니
라 세계종교로서의 기독교를 대담하게 천명한 것으로, 1894년의
또 다른 교장 이임 연설인 『일반은총』의 길잡이가 되었습니다.[51]

Bavinck, George Harinck & Gerrit Neven, red., (Barneveld: De Vuurbaak, 2006), 307-324,
특히 309.

49) A. Kuyper, *Souvereiniteit in eigen kring* (Amsterdam, 1880), 35. "En geen duimbreed is er op
heel het erf van ons menselijk leven, waarvan de Christus, die aller Souverein is, niet roept:
'Mijn!'." A. Kuyper, *Souvereiniteit in eigen kring*, 박태현 옮김 및 해설, 『아브라함 카이퍼의
영역주권』 (군포: 다함, 2020).

50) Van der Kooi, 'Inleiding', 8.

51) 바빙크의 교장 이임 특강 『일반은총』이 지닌 특징과 의의, 그리고 그 특강의 한국어 번역

게다가 바빙크는 이러한 기독교와 교회의 보편성을 이론적으로 천명하였을 뿐만 아니라, 그 고백의 실천으로서 실제적인 교회 연합운동에서 산파 역할을 중심적으로 수행했습니다. 사실 그의 교회 연합에 대한 열망은 이미 1884년 '분리운동' 50주년 기념 연설에서 뚜렷하게 드러났으며,[52] 1886년 카이퍼의 주도하에 일어난 '애통운동' 이후 조직된 '네덜란드 개혁교회'와의 합동(1892)이 성사되기까지 연합운동에서 두 진영을 조율하고 일치를 이루어 내는 수고를 아끼지 않았습니다.[53] 두 교단의 합동 이후에도 바빙크는 계속된 자유대학교와 깜픈 신학교의 통합을 위해 힘겨운 노력을 쏟아 부었습니다. 비록 그의 이러한 노력이 결과적으로 무산되었다 할지라도, 그가 지녔던 통합의 열망을 결코 무가치한 것으로 평가할 수는 없을 것입니다.[54] 바빙크는 결코 상아탑의 담

은 필자의 다음 글들을 참조하라. 박태현, '헤르만 바빙크의 『일반은총』(1)」, 「신학지남」 통권 제 328호, (2016년 가을호): 199-222. 박태현, '헤르만 바빙크의 『일반은총』(2)', 「신학지남」 통권 제 329호, (2016년 겨울호): 227-254. 네덜란드 신학교에서의 교장직은 당시에 윤번제로 운영되었기에 동일 인물이 반복해서 교장직을 수행하기도 하였다.

52) J. H. Landwehr, *In Memoriam, Prof. Dr. H. Bavinck* (Kampen: J. H. Kok, 1921), 37-38.

53) Landwehr, *In Memoriam, Prof. Dr. H. Bavinck*, 37-42. R. H. Bremmer, *Herman Bavinck en zijn tijdgenoten* (Kampen: J. H. Kok, 1966), 77-158. 유해무, 『헤르만 바빙크: 보편성을 추구한 신학자』 (서울: 살림, 2004), 61-71.

54) Landwehr, *In Memoriam, Prof. Dr. H. Bavinck*, 42-52. 바빙크는 이러한 두 교육기관의 합동을 위한 일환으로 기독개혁교회의 소식지인 바자인(*De Bazuin*)에 글을 기고하는 것 외에 다음과 같은 소책자들을 출간하였다. 『신학교와 자유대학교: 합동을 위한 하나의 제안』 (*Theologische School en Vrije Universiteit: Een voorstel tot vereeniging*, Kampen, 1899); 『교회의

장 안에 머무는 이론가가 아니라, 연구실에서 발견한 성경의 진리를 삶의 현장에서 실천하는 행동가였습니다. 바빙크의 『기독교와 교회의 보편성』(De katholiciteit van christendom en kerk)은 그의 신학적 근본원리 중 하나로서, 그가 직접적으로 관여한 교회연합 운동의 실천적 원동력이었습니다. 여기서 우리는 다시금 "행위는 됨됨이에 근거한다"는 잠언을 상기하게 됩니다. 바빙크는 신학교와 교회의 현장에서 기독교와 교회의 보편성을 천명하고 추구한 신학자였습니다. 이 정신을 토대로 한 바빙크의 이 강의는, 성경적 가르침과 교리사적 의미의 변천, 그리고 현시대의 물음과 요청에 대한 객관적, 비평적 대화라는 독특한 취급방식을 통해, 그의 대표작 『개혁교의학』 저술의 원형을 보여줍니다.[55]

권리와 학문의 자유』(Het recht der kerken en de vrijheid der wetenschap, Kampen, 1899); 깜 폰 신학교 교장 이임특강, 『[교회]박사의 직분』(Het Doctorenambt, Kampen, 1899). 이러한 학교 통합의 무산은 바빙크에게 정신적 상처를 남겼는데, 그것은 학생들에게 여러 번 언급했던 다음과 같은 말에서 알 수 있다: "세속 정치는 대개 더러운 면을 지니지만, 교회 정치는 항상 더러운 면을 지닌다." in V. Hepp, Dr. Herman Bavinck, 322.

55) Cornelius van Til, 'Bavinck the Theologian', in Westminster Theological Journal, vol. XXIV(1961), no. 1. 48-64. Cf. G. Puchinger, 'Na tachtig jaar herdrukt', in H. Bavinck, De katholiciteit van christendom en kerk (Kampen: J. H. Kok, 1968), vi. Idem., 'Bavinck over de katholiciteit', in G. Puchinger, Theologische persoonlijkheden (Kampen: J. H. Kok, 1973), 71.

(2) 이임 연설의 요약

바빙크는 먼저, 기독교의 우주성과 교회의 보편성을 교리의 근본 원천인 성경에서 추적하고 탐사합니다. 그는 그리스도의 십자가로 말미암아 만물, 즉 하나님과 인간, 하늘과 땅, 유대인과 이방인, 남자와 여자, 종과 자유인이 화목되었으며, 이 복음은 개인만 아니라, 가정과 사회, 국가, 그리고 예술과 학문, 온 인류와 세상, 탄식하는 피조계 전체를 위한 기쁜 소식이라고 선언합니다. 이 기쁜 소식은 사람들 사이의 출신, 문화, 국적, 신분의 차별을 없앱니다. 그는 오순절에 태어난 신약교회에 대해, 복음으로 인하여 그리스도 안에서 새사람이 되어 한 몸된 그리스도의 영적 지체가 되며, 민족과 장소, 시간을 초월한 하나로서의 보편성을 가진다고 가르칩니다. 따라서 그는 포용적인 기독교 정신으로 편협한 분파주의를 다음과 같이 경고합니다.

> 작은 예배당이나 편협한 집회의 무리에 스스로 갇히는 자는, 교회의 보편성을 알지도 못하고, 사는 동안 그것이 지닌 힘과 위로를 결코 경험하지 못했던 자입니다.[56]

---

56) Bavinck, *De katholiciteit van christendom en kerk*, 16.

이것은 사실상 바빙크가 자기 교단 내에 있는 편협한 분파주의적 경향의 위험성에 대해 알면서도 이를 간과하지 않고 용기 있게 경고할 뿐만 아니라, 편협한 분파주의를 치료하는 처방이 되길 바라는 뜻에서 전달한 메시지였습니다.

> 자네[스눅 후르흐론녀]가 나의 특강을 분명히 받았으리라 믿는다네. 이 특강은 특별히 때때로 우리 교회 내부에서 나타나는 분리주의적이며 분파주의적인 경향들에 대한 유일한 처방으로서 의도된 것임을 기억해 주게나. 우리들 가운데 편협하고 속 좁은 견해가 아주 많고, 가장 심각한 사실은 이러한 견해가 경건함으로 여겨진다는 점이네.[57]

둘째, 바빙크는 속사도 시대 이후 교회의 보편성 교리의 변천사를 살핍니다. 그는 특히 로마교가 스스로를 '가톨릭'(보편적)이라 일컬을지라도, 사실상 기독교의 기초원리를 자연과 초자연의 이원론으로 대치하여, 자연을 기독교에 종속시키고, 기독교를 다시 로마교에 종속시켰다고 지적합니다.[58] 바빙크는 16세기의 종교개혁이 신약성경으로 돌아가 로마교의 이원론을 유신론적 세계관

---

57) J. de Bruijn en G. Harinck, red., *Een Leidse vriendschap* (Baarn: Ten Have, 1999), 136. 1888년 12월 22일자 편지.

58) Bavinck, *De katholiciteit van christendom en kerk*, 19-20.

헤르만 바빙크의 교회를 위한 신학

으로 대치하여, 교회의 개혁뿐만 아니라 기독교 자체에 대한 전혀 새로운 견해를 드러내었다고 확신합니다. 그는 종교개혁자들 가운데, 특히 제네바의 칼뱅이 이 이원론을 완전히 극복하였다고 평가합니다.[59] 칼뱅은 죄의 활동을 루터나 츠빙글리보다 더 넓고 깊게 이해하였기에, 하나님의 은혜는 더 확대되어 풍성하게 이해되었습니다.

> 재창조는, 로마교의 경우처럼 창조를 보충하는 하나의 체계가 아니며, 루터의 경우처럼 본래의 창조로 회복시키는 하나의 종교적 개혁이 아니고, 재세례파의 경우처럼 하나의 새로운 창조는 더더욱 아니며, 모든 피조물을 새롭게 하는 하나의 기쁜 소식입니다. 여기서 복음은 자신의 완전한 정당성, 참된 보편성에 도달합니다.[60]

이에 따라 종교개혁은 다른 교회 개념을 초래했습니다. 즉, 로마교가 주장한 무오류한 제도적 기관으로서의 로마교적 교회는 하나님의 백성으로서 그리스도를 믿는 참된 신자들의 모임으로 이해되었습니다. 한 분 하나님, 한 중보자 예수 그리스도, 한 믿음,

---

59) Bavinck, *De katholiciteit van christendom en kerk*, 31-32.

60) Bavinck, *De katholiciteit van christendom en kerk*, 32. Idem., *Gereformeerde dogmatiek*[4], II, 297.

한 언약에서 필연적으로 비롯된 하나의 교회는 가톨릭이라 일컬어지는데, "이는 세상의 모든 지역에 퍼져 있으며, 모든 시대에 걸쳐 있어서 그 어떤 장소나 시간에 매이지 않는 보편성을 지니기 때문"입니다.[61]

마지막으로, 바빙크는 종교개혁 이후 18세기 로마교는 빛을 싫어하는 '예수회주의'로, 개신교는 세상을 싫어하는 '경건주의'로 각각 나아갔으며, 그래서 결국 기독교와 교회의 보편성을 거슬러 범죄하였기에 오늘날 요청되는 개혁을 할 수 없었다고 지적합니다.[62] 그럼에도 불구하고 바빙크는 경건주의와 그와 연관된 운동들이 가진 영광스러운 진리를 결코 부정하지는 않습니다.[63] 그가 정의하는 기독교 신앙이란 하나님 나라를 보화로 간직하면서 동시에 누룩으로 세상 가운데 들어가 그리스도가 우리의 대적자보다 더 크신 분이며, 세상 한가운데서 악에서 우리를 보존하시는 강한 분이심을 확신하는 것입니다. 이 신앙은 다름 아닌 죄에 대한 승리의 약속입니다. 바빙크는 디모데전서 4장 4-5절에 근거하여 기독교 신앙은 오로지 죄만 그 투쟁의 대상으로 삼기 때문

---

61) Bavinck, *De katholiciteit van christendom en kerk*, 33.

62) Bavinck, *De katholiciteit van christendom en kerk*, 40-41.

63) Bavinck, *De katholiciteit van christendom en kerk*, 47-49.

에, 현대문화는 적대시하여 파기할 대상이 아니라 신앙으로 거룩하게 되어야 할 대상이라고 보았습니다. 즉 세상을 기피하는 분파주의적 경건주의가 아닌, 세상에 참여하는 보편적 칼빈주의를 주장했습니다.

우리는 분파(分派)가 되어서는 안 되고, 분파가 되기를 원해서도 안 되며, 진리의 절대적 성격을 부인하지 않고서는 분파가 될 수도 없습니다. 물론 하늘나라가 이 세상에 속한 것은 아니지만, 그럼에도 불구하고 모든 것이 그 나라를 섬기도록 요구합니다. '하나님이 지으신 모든 것이 선하매 감사함으로 받으면 버릴 것이 없나니 하나님의 말씀과 기도로 거룩하여짐이니라'[딤전 4:4-5]. 그러므로 그 어떤 피조물을 버린다는 것은 하나님에 대한 배은망덕이며, 그의 은사들을 과소평가하는 것입니다. 우리의 싸움은 다름아닌 죄와만 싸우는 것입니다. 그러므로 그리스도를 고백하는 우리가 이 시대에 처한 관계가 얼마나 복잡하든지, 사회적, 정치적 그리고 특히 학문적 문제들이 얼마나 심각하고 어렵고 거의 해결될 수 없을지라도, 만일 우리가 오만하게 그 싸움에서 물러서고 -아마도 여전히 기독교적 구실로 물러서고- 시대적 문화 전체를 마귀적이라고 거부한다면, 그것은 우리의 불신앙과 연약함을

증거하는 것입니다.[64]

이렇게 세상을 거룩하게 할 당위성은 세상에 대한 승리의 약속을 지닌 보편적 기독교 신앙에서 나옵니다[요일 5:4下]. 바빙크는 이 보편적 신앙을 다음과 같이 정의합니다.

이 믿음은 보편적이어서 결코 시대와 장소, 나라와 민족에 매이지 않습니다. 이 믿음은 모든 형편에 상응할 수 있으며, 자연적 삶의 모든 형태에 응답합니다. 이 믿음은 모든 시대에 적합하고, 모든 것에 유익하며, 모든 상황에 적절한 것입니다. 이 믿음은 자유롭고 독립적입니다. 왜냐하면 이 믿음은 다름 아닌 오직 죄와 싸우기 때문이며, 모든 죄를 깨끗하게 씻는 것은 십자가의 피 안에 있기 때문입니다.[65]

바빙크는 개신교의 기본원리에는 교회 개혁의 요소와 나란히 교회 분열의 요소도 있다는 것을 인정합니다.[66] 교회 분열은 바람직

---

64) Bavinck, *De katholiciteit van christendom en kerk*, 49.

65) Bavinck, *De katholiciteit van christendom en kerk*, 49-50.

66) Bavinck, *De katholiciteit van christendom en kerk*, 50-51. 바빙크는 자신의 박사학위에 첨부된 논제 7에서, "1834년의 '분리운동'은 개혁주의 원리에 비추어볼 때 (네덜란드 신앙고백서 38, 39조), 정당하고 당연한 것이었다"고 주장한다. H. Bavinck, *De ethiek van Ulrich Zwingli* (Kampen: G. Ph. Zalsman, 1880), 182.

헤르만 바빙크의 교회를 위한 신학

하지 못한 면이기도 하지만, 기독교가 여전히 살아있다는 증거이
기도 합니다. 따라서 바빙크는, 16세기의 종교개혁이 거짓되고 가
장된 일치를 원하지 않았기에, 내적으로 일치하지 않는 것을 외적
으로 분리하여 갈라섰던 것이라고 변호합니다. 이러한 분리는 기
독교 신앙과 교회의 보편성을 보존한다는 단 한 가지 조건에서만
가능합니다. 바빙크는 자신의 특강 말미에 다음과 같은 고무적인
결론을 진술합니다.

> 보편적 기독교란 신앙 색깔의 다양성을 **초월해**(boven) 있
> 는 것이 아니라 그 다양성 **안에**(in) 현존합니다.[67] 단 하나
> 의 교회가 아무리 순수하더라도 보편 교회와 동일하지 않
> 는 것처럼, 하나의 고백서가 하나님의 말씀을 따라 아무
> 리 순수하게 작성되었더라도 기독교의 진리와 동일시되어
> 서는 안 됩니다. 자신의 모임을 그리스도의 유일한 교회로

---

67)   여기서 바빙크는 카이퍼의 창조론에서 발전된 지역교회의 자율성을 존중한 교회의 '다양
      성'(pluriformiteit) 개념과 긴밀한 연관을 맺고 있음을 보여준다. A. Kuyper, *Encyclopaedie
      der Heilige Godgeleerdheid*[2] (Kampen: J. H. Kok, 1909), II, 614-624. Idem., *De Gemeene
      Gratie*, 전 3권, (Amsterdam/Pretoria: Höveker & Wormser, 1904), III, 231-238. M. E.
      Brinkman, 'Kuyper's Concept of the Pluriformity of the Church', in C. van der Kooi & J.
      de Brijn, eds. *Kuyper Reconsidered: Aspects of his Life and Work* (Amsterdam: VU Uitgeverij,
      1999), 111-122. 브링크만은 카이퍼의 교회의 다양성을 세 가지 동기로 구분한다: 반
      (反) 분파주의적 동기, 인식론적 동기, 그리고 역사적 발전. Cf. R. de Reuver, *Eén kerk in
      meervoud: een theologisch onderzoek naar de ecclesiologische waarde van pluraliteit* (Zoetermeer:
      Boekencentrum, 2004), 24-31.

여기고 오로지 자신만이 진리를 소유한다고 생각하는 모
든 분파는 몸통에서 떨어져 나간 가지처럼 말라 죽을 것
입니다[요 15:6].[68]

요컨대, 바빙크는 성경에 계시된 하나님의 통일성, 창조와 재창조
의 한 분 하나님 안에서 세상을 거룩하게 만드는 복음을 지닌 세
계종교로서의 기독교의 보편성과 모든 시대와 장소를 초월한 교
회의 보편성을 선언한 것입니다.

---

68)   Bavinck, *De katholiciteit van christendom en kerk*, 52.

색인

헤르만 바빙크의 교회를 위한 신학

주제 색인

헤르만 바빙크의 교회를 위한 신학

인명 색인